渡邊重夫

Watanabe Shigeo

学校図書館の対話力

子ども・本・自由

青弓社

学校図書館の対話力——子ども・本・自由

目次

装画――熊本奈津子
装丁――Malpu Design［清水良洋］

はじめに

「松江の小中学校図書館で、『はだしのゲン』が閉架に」。二〇一三年八月十六日、「山陰中央新報」が報じた一本の記事が、全国をかけめぐった。

松江市教育委員会（事務局）が小中学校長に対し同作品を「閉架」扱いすることを要請、その状態が「撤回」されるまで約八カ月間にわたり閉架措置が続いた。文部科学大臣をはじめ、自治体の首長がその是非に関して見解を述べ、全国紙・地方紙でその措置に対し賛否両論が展開された。さらにその後、東京都では、学校図書館からの同作品の「撤去」、あるいは「自由閲覧」を求める請願、陳情が都・区市の教育委員会に提出された。そしてさらに二〇一四年になり、大阪府のある市でも同作品が一時的に撤去されていたことが報じられた。

『はだしのゲン』という一作品（漫画）の提供制限が提起したこの問題は、学校図書館だけでなく、教育、社会状況、さらには今日の政治状況をも含めた問題として多面的に論議が展開された。学校図書館資料とかかわり、このような論議が展開されたのは、わが国では稀有のことである。本書執筆の直接の契機はこの問題であった。学校図書館に長い間かかわってきた筆者にとって、この問題は改めて学校図書館とはどんな存在なのかを考える機会ともなった。

学校図書館は、その資料とサービスを通じて子どもの学びを支え、成長・発達を支援する役割を担っている。そのため学校図書館には、質量ともに豊かな資料が収集され、求めに応じて提供されることが大切である。しかし今回は、その資料、いわば本そのものが問題になった。その本は、著者の「思い」(思想)の体現物である。しかし、「閉架」「撤去」などの措置を通じてその「思い」(思想)が拒絶の対象となった。(学校)図書館の最も根幹にかかわる部分である。

今日の学校は、様々な問題を抱えながらも、新しい時代を担う人材を育成する母体として、社会から大きな期待が寄せられている。そうした期待に応えるためにも、子ども個々人が、多様な「思い」(思想)と「対話」しながら、必要な情報を入手し物事の是非を判断していくことが必要である。そうした過程を通じて、子どもは、自己の内に、創造性(想像性)、自主性、個性、批判的精神を形成することが可能となる。またそれは同時に、主権者国民としての必要な資質を培うことにもつながるのである。さらに、今日の教育のキーワードでもある「自ら考える力」「生きる力」の育成も、こうした本(情報)との「対話」なくして育成されえないものだろう。そして、その「対話」を保障する重要な学習環境が学校図書館なのである。

本の力は、子どもを育てる力、教育を創る力である。学校図書館の力は大きく、学校図書館には大きな期待がかけられている。

本書は、こうした問題意識のもとに、特に学校図書館資料に焦点を当て、学校図書館にかかわる諸問題を論じた。そのポイントは次の点にある。

①学校図書館は、どのような目的を有し、どのような機能を果たしているのか。まずは何よりも、

学校図書館の「基本」を理解しておくことが重要である。学校図書館法に掲げられた学校図書館の目的規定をもとに、学校図書館が果たすべき教育的意義について論じた（第3章・第5章）。

②今日の学校図書館は、戦後教育の所産であり、戦前の社会や教育に対する批判的な思潮のなかから生み出されたものである。戦前においては、治安立法や国定教科書に体現される国民の思想統制政策が社会の隅々に広がり、学校図書館もそうした統制下にあった。そうした政策が「批判的精神に乏しい」国民を生み出し、あの無謀な戦争を引き起こした。これは戦後すぐに出された『新教育指針』（一九四六年）に記されている文部省（当時）の分析である。それだけに、「そうした時代」の理解を通して、学校図書館の誕生、そして今日の学校図書館に課せられた期待を知ることは、学校図書館を理解するうえで大切なことである（第3章）。

③学校図書館資料の収集・提供は、当該学校の教育課程や利用状況、さらには地域の状況などを考慮しながら、当該学校の自主的・自立的判断でおこなわれることが重要である。教育委員会などが個々の資料についてその是非を判断することは、選書の「公平性、公正性」を欠く（東京都練馬区教育委員会）ことにもなる。また学校も「ユネスコ学校図書館宣言」（一九九九年）が明記されているように、「いかなる種類の思想的、政治的、宗教的検閲にも、また商業的な圧力」にも屈してはならないのである（第1章・第2章）。

④今日のわが国の社会は、教育の多様性（自由性）に対して大きな懸念を抱かせる状況下にある。そうした「窮屈」な状況は、図書館資料にも及び、図書館資料の質的偏在化をも招来しかねない。言うまでもなく、学校図書館はこの社会や政治の営みから隔絶された「真空地帯」にあるわけでは

ない。それだけに、学校図書館を考える際には、学校図書館や教育をめぐる社会的・政治的状況をきちんと把握しておくことが必要である（第4章）。

⑤学校図書館資料に対する「攻撃」の状況を知っておくことも大切なことである。アメリカで『ハックルベリー・フィンの冒険』（マーク・トウェイン）が「禁書」扱いにされようとしたことに対して、合衆国憲法修正第一条（言論・出版の自由）を盾に、『ハック』を守ろうとした学園小説（ナット・ヘントフ『誰だハックにいちゃもんつけるのは』）がある。あるいは、アメリカでの学校図書館資料への「検閲」の実態と防御の方法を論じた書（ヘンリー・ライヒマン『学校図書館の検閲と選択』）がある。両書を読むことによって、こうした問題の「核心」に近づくことができる（第6章・第7章）。

⑥二〇一四年に入り、『アンネの日記』の破損事件が起きた。「思い」（思想）に対する拒絶だろう。古今東西、特に権力者によるそうした拒絶が起きているが、アンネが生きた短い時代にも、ドイツではナチスによる「焚書」が起きた。「思い」（思想）に対する権力者による二十世紀最大の拒絶である。この歴史を知ることは、学校図書館もまた、「思い」（思想）を保存し、伝えていく役割を有しているだけに重要なことである。「受難」の歴史、そして「本を守ろう」とした人々を通して書物（本）の意義を考えてみたい（第8章）。

⑦今日のわが国の教育は、「人権」としての認識の下におこなわれている。教育のなかの学校図書館は、日本国憲法や子どもの権利条約が掲げる人権とどのような関係にあるのだろうか。人権体系のなかでの学校図書館の位置を確認することは、学校図書館の再発見、道標にもつながるものであ

る。そうした人権群を紹介しながら学校図書館を考えてみた（第４章・第６章）。

事物の本質はすべて広くて深い。学校図書館もまた同様である。考察を重ねるたびに学校図書館研究の広さと深さに圧倒され、改めて浅学非才な自分を知らされた思いである。

本書では、各所に短歌を引用している。「朝日新聞」などに投稿・掲載された作品を引用させていただいた。引用を認めてくださった投稿者にお礼を申し上げるとともに、失礼な引用があればお許しをいただきたい。また筆者は短歌を詠む者ではないが、長年にわたり短歌への興味を教えてくださった山崎響氏に心からお礼を申し上げたい。

なお本書は、筆者にとって青弓社からの出版としては『図書館の自由と知る権利』（一九八九年）以来、五冊目となる。長い年月にわたり矢野恵二氏からは何度も出版のお誘いをいただき、筆者の研究を励まし続けてくださった。矢野恵二氏には厚くお礼を申し上げたい。

二〇一四年四月一日

渡邊重夫

第1章　『はだしのゲン』の提供制限問題

1　『はだしのゲン』が閉架に

■『はだしのゲン』が閉架に――「山陰中央新報」

それは、一本の記事から始まった。

山陰地方（島根県、鳥取県）をエリアに、両県のニュースやコラム、イベント情報などを掲載する地方紙「山陰中央新報」が、二〇一三年八月十六日に報じたある記事が、その後、全国をかけめぐることになる。

「『はだしのゲン』描写過激、松江の全小中校『閉架』に、一部は貸し出しも禁止、市教委が要請」という見出しのもと、中沢啓治の漫画『はだしのゲン』の閲覧制限について報じた、二十三面（山陰総合版）のトップ記事である。この記事をさらに紹介する。まずリード部分で次のように概略を報じている。

原爆や戦争の悲惨さを描いた漫画「はだしのゲン」の描写が過激として、松江市教育委員会が、子どもが自由に閲覧できない「閉架」の措置を取るよう市内の全小中学校に求めていたことが分かった。教員の許可がないと借りられない上、一部の学校では貸し出しを事実上禁止した。関係者からは、戦争の愚かさを学ぶ機会を奪う市教委の判断を疑問視する声も上がっている。

さらに同紙が報じるところによると、制限措置は次の二段階を経ておこなわれた。

①二〇一二年八月、市民から「はだしのゲンは間違った歴史認識を植え付ける」として、学校図書館からの撤去を求める陳情を市に提出。同十二月の市議会で、全員一致で不採択となった。

②市教委は陳情を機に漫画を確認し、首を切る場面や女性に乱暴する場面が児童・生徒の目に触れることを懸念したとして、同十二月に口頭で全小中学校に閉架を求めた(1)。

この報道を機に、全国紙やテレビなどは一斉にこの問題を報じることになる。例えば「朝日新聞」(二〇一三年八月十六日付)は「「はだしのゲン」閲覧を制限　松江市教委「描写過激」」、「毎日新聞」(二〇一三年八月十六日付)は「はだしのゲン――松江市教委、貸し出し禁止要請「描写過激」」、「読売新聞」(二〇一三年八月十六日付)は「はだしのゲン「描写過激」…小中に閲覧制限要請」という報道がそれである。一地方の学校図書館での閲覧制限が一気に全国ニュースとなり、そ

の後、この措置の是非をめぐって大きな論争が巻き起こることになる。(2)

■『はだしのゲン』

提供制限の対象となった『はだしのゲン』(以下、『ゲン』と略記)は、漫画家・中沢啓治(一九三九―二〇一二)の代表作である。広島市に住む主人公・中岡元(ゲン)が、原爆で父、姉、弟を亡くしながらも、戦後の混乱期をたくましく懸命に生き抜いていく姿を描いている。その著者・中沢もまた広島で生まれ、小学校一年生のときに被爆し、父、姉、弟を原爆投下当日に、母をその後原爆後遺症で亡くしている。また、原爆投下直後に生まれた妹も、生後四カ月半で亡くなった。(3) それだけに、この作品は、中沢自身の体験をもとに描かれた自伝的作品だと言えるだろう。一九七三年に「週刊少年ジャンプ」(集英社)で連載が開始されて以来、七五年以降は「市民」(文化社)、「文化評論」(新日本出版社)、「教育評論」(日本教職員組合)などと掲載誌を変えながら、八五年まで長期間にわたって連載された。また単行本としても多数出版されている。現在発売中のものに、汐文社版(全十巻、一九八三―八七年)、ほるぷ出版版(〈中沢啓治平和マンガ作品集〉全十巻、一九九五年)、中公文庫コミック版(全七巻、中央公論社、一九九八年)などがあり、絵本も出版されている(『絵本はだしのゲン』汐文社、一九八〇年)。七八年からは英語版が発行され始め、その後、ロシア語、フランス語などに翻訳され、二〇一三年現在、二十カ国語に翻訳・出版されている。発行部数は、国内外で一千万部以上にのぼっている。

映像化も相次ぎ、映画化、劇場アニメーション化、テレビドラマ化された。さらに、核軍縮・不

拡散の必要性を伝えるため、日本政府が核不拡散条約（ＮＰＴ）の加盟国に英語版を配布したこともある。(4)

また、『ゲン』は学校教育以外でも、世代を超えて読み継がれてきた。提供制限を報じた「山陰中央新報」は、同記事を報じる十三日前（八月三日）に、「国境、世代を超え読み継がれ」という見出しのもとに、「原爆と戦争を憎み、たくましく生き抜いた少年の物語は、国境も世代も超えて読み継がれている」として、イランの首都テヘランと第二の都市マシャドの書店にペルシャ語版の同書が並んだことを報じている。

ＮＨＫも、『クローズアップ現代』（二〇一三年七月三十日）で「世界をかける〝はだしのゲン〟」のタイトルのもと、原爆投下の正当性を教えてきたアメリカの学校で『はだしのゲン』を題材に戦争について見つめ直す授業が増え、『ゲン』が読まれている学校は小学校から大学まで二千以上にのぼること、また、核開発問題に揺れるイランではペルシャ語版が発売されたことを報じている。(5)さらにＮＨＫは原爆投下から六十八年目となる同年八月六日の「ワールドWave　特集まるごとで、「世界が共感「はだしのゲン」」のタイトルで「今、再び注目されている」マンガとして『はだしのゲン』を取り上げ、「戦後の混乱の中でも、仲間とともに悲しみや困難に打ち勝ち、力強く成長していきます。その姿が、読者の心をつかみました。時を越えて人々に支持される「はだしのゲン」(6)」と紹介している。

そしてその八月六日、広島では「原爆死没者慰霊式・平和祈念式典」が開催されたが、式典前日の五日夜には、原爆ドーム前を流れる元安川の川面に『ゲン』の作者・中沢啓治の写真とゲンのイラストが「生きろゲン!!」の言葉とともに投影された(「産経新聞」二〇一三年八月六日付)。

■『ゲン』撤去の陳情と議会の対応

こうした評価を得ていた『ゲン』が、提供制限を受けることになった。閉架要請をした松江市教育委員会の説明によると、作品のなかに「描写に過激」な部分があったからだという。「旧日本軍がアジアの人々の首を切り落としたり、銃剣術の的にしたりする」(「朝日新聞」二〇一三年八月十六日付)、「旧日本軍が人の首をはねたり、女性に乱暴したりする」(「読売新聞」二〇一三年八月十六日付)場面がそれだという。

しかし「山陰中央新報」が報じたように、閉架要請の約四カ月前(八月二十四日)に、「マンガ『はだしのゲン』は子どもの教育に悪影響を及ぼし、間違った歴史認識を植え付けているので、一刻も早く松江市の小中学校の図書室から撤去されるよう求める」という内容の陳情書が市民から市議会に出されている。「天皇陛下に対する侮辱、国歌に対しての間違った解釈、ありもしない日本軍の蛮行」が掲載されているからだという。

この陳情は、市議会教育民生委員会で二度審議に付されている。一度目の委員会(九月二十五日)では、市教委事務局は『ゲン』は「作品全体としては優れており、価値の高いもの」[7]とする認識を有していた。しかし、議員から「全体的な流れを読んだ上で判断したい」「教育委員会で適切に配慮すべき」などとの意見が出て、『ゲン』問題は継続審議となった。

二度目の委員会は十一月二十六日に開催された。この委員会では議員の一人から「大変過激な文章や絵がこの漫画を占めている。『はだしのゲン』という漫画そのものが、言い方は悪いが不良図書と捉えられる」という発言があった。しかし一方で、「表現に若干過激な面もあるが、全体としては戦争の悲惨さ、あるいは平和の尊さを訴えているものと思っている。一九八〇年代から多くの図書館に置かれている状況であり、平和教育の参考書として捉えられている側面が非常に強いようである。そういう面から考えると小中学校の図書室に置いてあってもおかしい話ではないし、図書室に置くことの是非について議会が判断することには疑問がある」という意見も出された。そして採決の結果、賛成者はなく陳情は不採択となった。その後、この審議内容と結果は、市議会定例会(十二月五日)で教育民生委員長から報告され、陳情は不採択(賛成者なし)となった。(8)

しかし、その後の市教委事務局の対応は異なった。議会で『ゲン』撤去の陳情が不採択になったにもかかわらず、既述のように校長に対する閉架要請となった。議会審議を契機に、教育長(当時)を含めた事務局で『ゲン』の全巻を読んだ。その結果、『ゲン』に「問題あり」(描写過激)という認識になったのである。議会に対する「過剰な斟酌」であり、(9)この「過剰な斟酌」がその後の閉架要請へとつながったのである。

2 世論の動向、そして「撤回」へ

■提供制限に関する世論の動向

松江市教委の『ゲン』の提供制限に対して、世論の多くは批判的だった。地元の「山陰中央新報」（二〇一三年八月二十八日付）は、「問い合わせ電話やまず　松江市教委専用室設置」という見出しのもと、この問題の反響の大きさと賛否の様子を報じた。それによると、八月十六日の報道以来、市教育委員会会議で閉架要請の撤回を決めた二十六日午前零時までに、市教委には約三千件（二千九百六十三件の問い合わせと二十九件の要望書）の意見が寄せられている。そのうち、閉架要請に「反対」する声は六六％（千九百六十六件）、「賛成」する声は二九％（八百五十四件）で、要望書は二十八通が撤回を求める内容だったという。多くの意見は、提供制限に批判的だった。

また後述するように、閉架要請が社会的に問題になった後に市教委がおこなった、全五十小中学校の校長を対象にしたアンケート（八月十九日送付）でも、「見直しを求める意見が多かった」。学校現場も提供制限には批判的だった（「山陰中央新報」二〇一三年八月二十日、二十二日）。

■新聞報道の論調

提供制限に批判的論調──「教育的意義」を強調

新聞各社の見解にも、批判的なものが多数見られた。最初に報じた「山陰中央新報」は「論説」（二〇一三年八月二十二日付）で、「平和教育の原点に返れ」と題して、「漫画だからこそ子どもたちに訴える力は大きい。歴史的背景も分からない子どもたちに、その残虐さを直視させるのは平和教育の強要だと批判もある。しかしその残虐さの根源を考えさせる。その視点を大切にしたい」と論じた。

全国紙では、「朝日新聞」（二〇一三年八月二十日付）が「社説」で、「閲覧制限はすぐ撤回を」と題し、旧軍の行為や昭和天皇の戦争責任を厳しく糾弾している点から、「偏向」「反日」といった批判も保守層の間で根強い一方、『ゲン』が高い評価を得たのは、著者が目の当たりにした戦争の残酷さを描くことで、「二度と戦争を起こしてはならない」という思いに子どもたちが共感したからだと両論を論じたうえで、「それこそ、『ゲン』を題材に、子どもと大人が意見を交わし、一緒に考えていけばいい。最初から目をそらす必要はどこにもない」と結論付けている。また「毎日新聞」（二〇一三年八月二十日付）も「社説」で、「はだしのゲン　戦争知る貴重な作品だ」と題し、「原爆や戦争を教育現場で学び、その悲惨さを知る機会を子供たちから奪うことになるのではないか」「被爆者が高齢化する一方、戦争を知らない世代が増え、戦争や原爆被害の体験を語り継ぐことがますます重要な時代を迎えている。こうした継承を封じてはならない」と主張した。

地方紙では、『ゲン』の地元である広島県の有力日刊紙「中国新聞」（二〇一三年八月二十三日付）が「社説」で、「「はだしのゲン」閲覧制限　戦争から目を背けるな」と題し、『ゲン』は「国内外にメッセージを送り続ける不朽の名作」「そもそも戦争とは残酷極まりない。子どもへの配慮を口実に、そこから目を背ける発想があるとすれば見過ごせない」と論じ、最後に「もっと『ゲン』を読ませたい」と述べている。そのほか、地方紙の社説の見出しだけを紹介する。「はだしのゲン／閲覧の制限が教育なのか」（「神戸新聞」二〇一三年八月二十一日付）、「はだしのゲン　彼に平和を教わった」（「東京新聞」二〇一三年八月二十一日付）、「〔はだしのゲン〕納得できない閲覧制限」（「高知新聞」二〇一三年八月二十二日付）、「はだしのゲン「閉架」──平和考える機会奪うな」（「沖縄タイムス」二〇一三年八月二十三日付）、「はだしのゲン　閲覧制限すべきでない」（「京都新聞」二〇一三年八月二十四日付）、「はだしのゲン　閲覧制限は権利侵害だ」（「北海道新聞」二〇一三年八月二十五日付）など、提供制限に批判的社説が並んでいる。

これらの社説に共通しているのは、『ゲン』は原爆や戦争・平和といった課題の「根源を考える」ときの重要な作品の一つであり、そのため、その作品の提供制限は「歴史の継承」を封じ、「歴史から目をそらす」ことになるという点に集約される。『ゲン』が有する「教育的意義」を論じているといえる。

■提供制限に理解──「教育的配慮」を強調

他方、「読売新聞」（二〇一三年八月二十五日付）の「社説」は、「教育上の配慮をどう考えるか」の見出しのもと、一般の公立図書館で蔵書の閲覧を制限することは、憲法が保障する表現の自由の観点から許されない。しかし小中学校図書館を一般図書館と同列に論じることは不適切で、「作品が子供に与える影響を考える必要がある。心身の発達段階に応じた細かな対応が求められるケースもあるだろう」と論じた。さらに閲覧制限措置の撤回が決まった後の「産経新聞」（二〇一三年八月二十八日付）「主張」欄は、「教育的配慮も無視できぬ」と題して、市教委の閉架要請を支持し、さらに「『はだしのゲン』は従来、一部地域で特定の政治的主張を持つ教師集団の「平和学習」に使われてきた」とし、閲覧制限撤回で『ゲン』が「必読の書として無理に読まされるのではないかと心配である」とも付言している。

この両紙に共通しているのは、作品（特に「過激描写」という指摘がある部分）が子どもに与える影響を問題視し、そうした表現を含む作品が提供されることに懸念を表している点である。作品に対する「教育的配慮」である。

■国や自治体の首長の見解

他方、ことが学校教育にかかわることだったため、多くのマスコミに「識者」の声が載った。さらに行政機関の長の発言も多くみられた。

まずは、下村博文文部科学大臣の発言である。八月二十一日の記者会見で「市教委の判断は違法ではない。学校図書館では、子どもの発達段階に応じた教育的配慮の必要がある」（「山陰中央新報」二〇一三年八月二十二日付）と述べ、市教委の対応に理解を示した。

また当該地の島根県・溝口善兵衛知事は「教委と学校がどのような役割を果たすかが論点」（「中国新聞」二〇一三年八月二十四日付）と述べ、教委の指導がどこまで許容されるかが問題との考えを示した。

他方、隣県の鳥取県・平井伸治知事は「ゲンを通して戦争や原爆を非常に身近に感じた」「どうしても何か不都合があれば、若干の配慮をするとしても、一律に全巻を閉架にするというのが果たして冷静なのかなあという感じはいたします」と疑問を呈している（「知事定例記者会見」二〇一三年八月二十二日、「鳥取県公式サイト」〔http://www.pref.tottori.lg.jp/220703.htm〕［二〇一四年二月十四日参照］）。さらに被爆地広島県の湯崎英彦知事は「はだしのゲンは、広島の原爆の実相を伝える一つの資料として、長年、たくさんの方が読み継いできたもの」「理解を助けるような指導があるのは、あるほうが、あるほうが望ましいというのはちょっと微妙ですけれども、あるのはまあ、望ましいことじゃないかと。だからといって、制限をするっていうものでもないし、大人がいないと読んじゃいけないってもんでもない」と、制限に異を唱えた（「知事記者会見」二〇一三年八月二十日〔http://www.pref.hiroshima.lg.jp/site/kishakaiken/kaiken250820.html〕［二〇一四年二月十四日参照］）。また広島市の松井一実市長も、ほかの市がすることを評価する立場にないと前置きしたうえで、「被爆の惨状を見てもらい「繰り返してはいけない」と感じてもらう方が大切だ」（「山陰中央新報」二〇一三年八月二十日付）と疑問を呈している。

■『ゲン』のその後——提供制限の「撤回」

「山陰中央新報」のスクープを機に一気に全国問題となった『ゲン』はその後、松江市教委がどのような対応を取るのかに焦点が移っていった。

市教委は報道の三日後（八月十九日）、閉架を要請した全五十の小中学校の校長に対し、市教委の対応の妥当性に関するアンケートを送付した。その結果、「小学校は再検討が必要、または（自由に閲覧できる）開架を求める声が（回答者の）半数を占めた。中学校は開架を求める意見が半数あった」「市教委の要請を支持する意見は「一部だった」とし、見直しを求める意見が多かった」（「山陰中央新報」二〇一三年八月二十二日付）ことがわかった[10]。

また、市教委（事務局）の閉架要請は、教育委員会会議に報告せず、独自の判断で学校に求めていたことも判明した。こうしたなか、市教委は二日間にわたって教育委員会会議を開催し、対応を協議した。結論は「要請前の状態に戻す」、すなわち閉架要請の「撤回」であった。問題の発端となった歴史認識には踏み込まず、後述する「手続きの不備」を理由とした撤回である。

閉架要請を撤回した後、『ゲン』の取り扱いは再び学校の判断に委ねられることになった。その結果、制限撤回一週間後の九月三日までには、『ゲン』を所蔵する小中学校四十四校のうち八割で、教員や司書が閉架を解消したり解消する方向で検討していることがわかった。他方、作品を読み直すなど、慎重に議論している学校も一割以上あったという（「山陰中央新報」二〇一三年九月四日付）。

❸『ゲン』に関する教育委員会会議の内容

■『ゲン』の内容についての論議

全国が注目するなかで開かれた松江市教育委員会会議の「撤回」決定は、どのような審議を経ての結論だったのか。それは、学校図書館資料の収集・提供に対する行政機関（教育委員会）の認識を知るうえでも貴重な資料である。

そこで、松江市教委がこの問題にどうかかわったかを理解するために、『ゲン』問題を審議した際の委員会会議録をもとに、その審議の経緯をたどってみる。会議は八月二十二日、二十六日の両日に開かれた。なお、松江市教委の委員会は、委員長、教育長、ほか三人の委員、合計五人で構成されている。会議には、ほかに事務局のメンバー（副教育長など）が出席し発言している。(11)

会議では、議会への一市民による陳情から、閉架要請にいたるまでの経緯の説明（教育総務課長）の後、実質的な審議に入った。

まずは、『ゲン』の内容についての審議である。二十二日の会議で次のような問答がある。

委員長　この『はだしのゲン』という図書を学校に置いている価値について、平和教育というか平和学習と言うか、それを教材として価値を持っているということについては認識されていた訳か。

副教育長　私どもの考えとしては、『はだしのゲン』というのはずっと読み継がれてきたものであるし、平和教育や命の尊さ、戦争の悲惨さなど、そういったものを教えるには非常に優れた作品であるというようには認識していた。

続く二十六日の会議では、

B委員　基本的には内容については我々が評価するべき事ではないと思う。個人的には児童の平和学習とか指導とか、そのあたりに使うには有効であると考えている。ただ過激な表現・描写があるというようなところが一部、私自身もそういう感想を持っているが、これについては全体のストーリーそのものに大きく影響するところではないのではないかと私自身は思っている。

教育長　作者の意図とか主張というのは私達はコメントする立場にない。ただこの『はだしのゲン』というのは、（略）戦前から戦後間もない頃、所謂世相を忠実に描いた作品ということで、発行以来四十年が経過をしており、平和教育という意味では実績がある作品であると思っている。ただ、全十巻のうち特に後半部分については過激な描写があるという認識でいる。

A委員　『はだしのゲン』そのものは平和学習の教材としては非常に優れた書籍であるという

評価をされている。従ってこれについては、若干の内容の問題があるかもしれないが、平和教育の教材として有効に活用すべきであると思っている。

C委員　今回の会議の参考の為に色々な保護者の方々の意見を聞かせていただいた。その中で感じたことなのだが、『はだしのゲン』を読んだ多くの方は、特に十巻にある首を切られるシーンであったり、暴行されるシーンなどよりも、原爆が落とされてからの描写に衝撃を受けたという方がほとんどであった。（略）そうした中でこの作品、表現を考えたときに、平和の尊さや命の大切さ、戦争、原爆の恐ろしさ、そして戦争が終わってもこんなに悲惨なのだ、辛いのだと学ぶ上で、また教材としても取り上げられてるように、この『はだしのゲン』は大変価値ある作品ではないかと思った。

委員長　『はだしのゲン』が平和教育等への活用に相応しい教材であるという価値を有した図書、この評価は十分に認められる図書である。

と、五人の委員全員が『ゲン』に対する見解を述べている。

また二十六日の会議では、「暴力等」の場面についての意見も出されている。

A委員　残虐な場面あるいは暴力等の場面が表現されているということは事実であるので、子どもの発達段階等、あるいは個々の受け止め方もあると思うので、一律に見せないという方法についてては問題があったのではないかと思っている。

委員長　暴力等の場面が含まれており、これはその場面を見れば確かにかなり過激な場面であるが、時代の問題や時代背景を考えながら、暴力の生じている意味・価値等を教材として取り上げる教育を行っていくのであれば、暴力が一律に駄目とか、あるいは暴力が含まれているから〔閲覧制限をする、とまでは考えなくてよい〕。暴力を肯定するのではない。ただ暴力がある図書〔と：引用者注〕して大きな問題を含んでいるというようには私には思えないというか、認められないということである。

C委員　子どもの受け止め方は個々によって様々だと思う。この『はだしのゲン』のような強烈なメッセージを伝える作品を読む場合、（略）発達段階を多少考慮しなければいけないのではないかと思う。（略）児童の自主性を尊重しながらも、周りの大人が発達段階を多少考慮していかなければいけないのではないかと思う。

■提供制限についての論議

さらに、提供制限の是非についても論議になっている。

A委員　〔映画倫理委員会や有害図書選定委員会などを例にあげ：引用者注〕まったく児童生徒に「知る権利」を制限出来ないということではないと思う。しかし今回のように教育委員会の一部の人たちが協議して学校にお願いをしたということについては、私は問題があると思う。

教育長　教育上配慮しなければならない事案・事象については、（略）発達段階に応じて合理的で必要最小限の範囲で閲覧に制約を加えることは有り得ることではないかと思う。ただ本ケースで考えると、この本事案における措置が必ずしも適切に検討されて実施されたかどうかについては、その根拠が明らかではないと思う。

B委員　ある一定のものに制限をかけるということは、子どもの知識の中に偏りが生じる可能性があると思う。その辺で、やはり選択はあくまでも子どもあるいはそのご家族がするべきものので、その知識を自由に得ることに対して我々がコントロールするということは非常に問題があると感じている。

他方、閉架要請の発端となった陳情書に記載されていた「歴史認識等」は、すでに市議会が「不採択」にした経緯を踏まえて、「改めて問題にする必要はない」と、議論の対象から外した。

■「お願い」の性格について

次に問題になったのは、市教委事務局が校長に対しておこなった「お願い（閉架要請）」についてである。その「お願い」について副教育長は、その経緯を二十二日の会議で次のように説明している（概要）。

作品そのものは平和学習等の教材としては非常に優れた書籍である。平和学習等に利用してもらう。（略）それ以外に図書館で読みたいといった場合には、司書あるいは担任などに申し出て読むようにしていただきたい。更に興味があって、家へ帰って続きが読みたいといったような場合には、これも学校の判断で貸出をすることは構わない。（略）学校の図書館の選書あるいは貸出等についてはあくまで学校長の責任においてなされるものなので、教育委員会としてはこのように考えているが、子どもたちに十分配慮した取扱をしていただきたい。

「学校の図書館の選書あるいは貸出等についてはあくまで学校長の責任においてなされるもの」という認識をもちながら、その学校に「十分な配慮」（提供制限）を求めたのである。賛否があった市議会の意思を、「過剰な斟酌をしてしまった」（教育総務課長の発言）結果としての「お願い」だった。

この「お願い」について、二十二日の会議で次のような問答がある。

委員長　その時に学校に対してこれが反響を呼ぶとか、あるいは圧力を掛けることになりかねないという心配はされたか。

副教育長　私どもとしてはあくまでもお願いをしたということである。委員会からの指示と取られ、（略）お願いというのが圧力になったかもしれない。

この「お願い」については、二十六日の会議でも「強制というのが強い」（C委員）という意見が出された。

■学校図書館資料の「権限」の所在

次の問題は、学校図書館資料に対する「権限」の所在である。この点は、審議のなかで「手続きの不備」として指摘されることになる。

学校図書館に対する権限については、市教委も当初から校長の権限と認識していた。二十二日の委員会でも次のような問答がある。

B委員　学校図書の選定は、基本的には学校の実情やその生徒の状況に合わせて学校長が決めるというのが基本的な理解ということでよろしいか。

副教育長　その見解でよいと思う。各学校で選書基準を設けて、選定あるいは貸し出し等については学校長の判断で（行う）。

しかし実際は、「お願い」という形でその「判断」自体を否定する行為がおこなわれた。認識と事実上の行政行為との大きな乖離である。今回の問題は、この「乖離」から出発した。そして、この点については、二十六日の会議でも多くの委員から指摘があった。

C委員　学校図書館の選定権は校長先生にあるので、閉架を決定する、こういった重大な事項を決めるときにはやはり校長先生と委員会事務局との協議が必要だったのではないかと思う。

A委員　本来校長に委ねられている権限に関して教育委員会が口出しをしたということに関しては、手続き上の問題があったのではないかと思う。

B委員　学校の主体性をもっと重視して判断すべきだったと思う。それぞれ学校によって事情が違うだろうから、トップダウン的なやり方はいかがだったかと思う。

学校との協議がなかったことに対する「手続きの不備」は、ほぼ全員から指摘された。この指摘は、閉架要請撤回後、『ゲン』の取り扱いを「学校の自主性を尊重する」という結論につながっていく。

■閉架要請の「手続き」

そして最後に論議されたのは、閉架要請を市教委事務局だけで決定し、教育委員会会議に諮らなかったという「手続きの不備」についてである。

B委員　今後はこういう非常に微妙な問題を一杯含んでいることについては、是非現場と教育委員会と、それから教育委員会の事務の方と、しっかり話し合っていく必要があると思う。

教育長　少なくとも議会の陳情案件、これに関して市民の方から議会へ陳情が出ている、そういうこともある。それから学校図書の閲覧を、これは全面的にではないが、一部でも制約をかけるという意味においては、やはり本事案の軽重というか重要性、これをやはり慎重に考慮すべきだったと思う。

A委員　今回の事案は、図書の閉架という通常とは異なる措置であったわけだから、（略）本来なら学校の校長の学校管理に関する権限を、ある意味では「お願い」であっても制限するということになるので、教育委員会会議に報告をされる、あるいは相談をされるということがあってしかるべきではなかったかと思う。

C委員　委員会会議または協議会等にかけて十分論議したほうが良かった案件ではなかったのかと思う。（略）意見を聞くという意味でも、事務局サイドだけで協議するのではなく、（教育委員と一緒に）協議をしたほうが良かったのではないかと思う。

委員長　教育委員会会議への報告が欠けているので、そういう意味では少し欠けていたところがあるのではないかと思う。（略）教育委員会会議と教育長を中心とする事務局との間で、この件に関しては意思疎通がうまくいっていなかった。これは反省点として私どもの頭に置いておかなければならない事項であると思う。

委員全員が、閉架要請の決定を教育委員会会議に諮らなかったことを「手続き的に不備があった」と指摘したのである。[12]

問題の発端となった歴史認識には踏み込まず、「手続きの不備」を理由とした撤回であった。この問題をいち早くスクープし、紙面の多くを割いて連日にわたって報道してきた「山陰中央新報」は、こうした決定に「全国の注目を集める中、混乱の長期化を避けるため、本質的論議は深まりを欠いたまま、早期決着を図った」（二〇一三年八月二十七日付）と報じた。

4『ゲン』問題から学校図書館を考える

■「蚊帳の外」に

『ゲン』の提供制限に関する審議の経過を、会議録をもとに追ってみた。「山陰中央新報」はこの審議経過を振り返り、制限措置の撤回を報じた際の〈解説〉面で、「教育委員会に重大な問題があることを浮き彫りにした」として、①市議会の声に影響を受けて性急な対応を取った市教委事務局の閉鎖的な体質、②決定過程で蚊帳の外に置かれた教育委員会制度の形骸化など、を指摘した（二〇一三年八月二十七日付）。

指摘のとおり、『ゲン』問題は社会的に大きな問題となったため、会議での議題となった。委員長は、『ゲン』問題が審議に上った理由（提案趣旨）を、①「山陰中央新報」だけではなくほかの新聞社などの報道から、社会は〔閲覧制限が：引用者注〕教育委員会という組織としてのお願いと考えており、これが一般に認識されているのではないかと推察される、②閲覧制限が社会的な論議を呼んでいるので、事実関係を明確にし、教育委員会の立場を明らかにしておく必要がある、と委員会会議（八月二十二日）で説明している。すなわち、社会問題化しなければ『ゲン』問題は審議されず、『ゲン』の閉架措置が続いた可能性は高かったのである。そして教育委員会は「蚊帳の外」に置かれたまま、その措置を知ることもなかったであろう。その意味では、今日しばしば指摘される教育委員会制度の問題性の一端が、この事例にも現れていたとみることができる。

しかし、この問題で「蚊帳」の外に置かれたのは教育委員会だけではない。閉架要請は、保護者や子どもにも知らされなかった。閉架措置を決定した当時の教育長は、作品の後半に「過激な描写」があることに気づき、「発達段階の子どもの目からその描写をいかにして遠ざけるかしか、考えられなくなった」(「朝日新聞」二〇一三年八月二十七日付)と述べている。また図書館担当者の「出番」も用意されなかった。松江市の各学校には学校司書がいて、市教委のなかには司書活動を支援する図書館支援センターもある。しかし、教育長は、こうした組織を「活用することを考えつかなかった」(「読売新聞」二〇一三年十月十一日付)という。保護者も子どもも、そして図書館担当者も「蚊帳」の外に置かれたのである。

■審議における課題と意義

本章の最後に、審議内容を中心に、今回の問題についての課題と意義を略述する。

いったんは「蚊帳」の外に置かれた教育委員会だったが、「蚊帳」のなかに入ってからは、活発な論議が展開されたように思われる。委員長が提示した七項目(「①内容及び表現」「②子どもの知る権利」「③著者の表現の自由」「④学校と教育委員会の関係」「⑤教育委員会会議と教育長の関係」「⑥手続き」「⑦その他」)ついて、ほとんどの委員が意見を述べていた。しかし、それでも課題を残した。

課題の第一は、学校図書館が有する意義や機能に関する基本的認識の問題である。こうした認識について、委員会のなかでの論議は少なかった。本書第3章で詳述するが、学校図書館は戦後の新教育の思潮のなかで、旧来の国定教科書に体現された「画一型教育」からの脱却を実現するための重要な教育環境として誕生した。その学校図書館を子どもが利用することによって、自ら考え自ら判断する力、批判的にものを読み解く力などを育てるとともに、豊かな感性、意欲的な学びを培うことを目指したのである。それだけに、学校図書館に関する基本的視点を欠いたまま論議が進んだのは残念なことだった。

第二は、子どもの情報へのアクセス権、すなわち学校図書館を通じて子どもの「知る権利」や「表現の自由」をどのように保障するかについての認識である。

こうした問題は、言及はされたものの深まりに欠けていた。まず「図書館の自由」に関する論議はほとんどなかった。また「表現の自由」の論議は、視点が「著者の表現の自由」に限定されていたため、図書館資料を入手する子どもの「知る権利」に関する議論は深まりを欠いた。

市教委は教育委員会会議の開催にあたり、事前に六人の有識者に、『ゲン』の提供制限についての「意見や感想等」を求めていた。そこでは次のような意見が表明され、二日目（二十六日）の会議の冒頭で紹介されている。

公立図書館は学校図書館とは立場が若干違うが、（略）「図書館の自由宣言」というのを非常に大切に考えているので、資料の閲覧制限は極力避けるべきである。（現役の公立図書館職員）

図書資料を扱う立場では基本的人権に抵触しない限り閲覧制限というのは一切できないと。学校図書館といえども、子どもの目に触れさせないという取り扱いは非常に稚拙なやり方である。(元公立図書館職員)

図書館人というのは「表現の自由」や「知る権利」についてはことのほか神経質に取り扱っており、図書館人としては今回のように制限すべきではなかったと思う。(元公立図書館職員)

しかし、こうした視点はほとんど論議の対象にならなかった。「山陰中央新報」は、制限措置が「子どもの「知る権利」や「表現の自由」を侵害する可能性があることにあまりに無自覚だった。むしろ、氾濫する情報の中から子どもに自ら判断する力を育てる教育こそ必要だ」(二〇一三年八月二十七日付)と論じた。また同紙は「識者談話」でも、「『はだしのゲン』の場合、知る権利という観点からは貸し出しも閲覧も自由とし、自ら読んだ上で作品全体の評価をすべきだ」(堀部政男一橋大学名誉教授〔情報法〕)という見解も紹介している。委員会会議では、閉架要請が著者の「所謂『表現の自由』をコントロールするというふうになりかねない」(B委員)といった見解も出されたが、この点に関する議論も十分深められなかった。

制限の撤回は、「憲法が保障する子供が学ぶ権利、そして表現の自由を守る観点から当然の措置」(「東奥日報」二〇一三年九月十四日付)、「表現の自由や知る権利の過度の規制から、豊かな発想や判断力は育たない」（「神戸新聞」二〇一三年八月二十一日付）など、知る権利や表現の自由と関連して今回の閉架措置の問題性を認識していた人も多かったと思うが、委員会審議での問題意識とは大きなズレがあった。

第三は、審議の進め方である。審議は最終的に「手続きの不備」という「ゴール」に向かって進んでいった印象がある。委員長が提示した審議のための七項目も、最後は「手続き」問題に集中していた。論議では、『ゲン』についても閉架要請の「お願い」についても多くの意見が出されたが、最終的には「手続きに不備がある」（委員長）という理由で閉架要請の「撤回」となった。そしてこの「不備」は市教委事務局の問題とされた。もし市教委事務局が校長に閉架要請をする前に、この措置について教育委員会会議に諮っていたとすれば、その際の委員会審議はどうなっていたのだろうか。「山陰中央新報」（二〇一三年八月二十七日付）は、「『子どもの知る権利』を損なうとの認識がないまま、事務局幹部だけで決定するなど、教育委員を含めて広く議論する姿勢に欠けていたことが問題だった」と指摘した。「手続きの不備」を「ゴール」にした論議をすることによって、議論の広がりを回避した感は否めなかった。

次に、この審議で改めて確認された「意義」についてである。それは、教育委員会は特定の学校図書館資料の収集・提供に対して、どのような立場に立つのかという問題についてである。

この点については、既述のように市教委事務局も、当初は学校の裁量の問題（権限）と認識していた。しかし、実際は「トップダウン」的に閉架要請をした。教育委員会は個人的な価値判断や特定の党派的影響力からの中立性の確保を求められているにもかかわらず、市教委事務局が市議会の審議などでの意見を「過剰に斟酌」し、特定の図書の閉架を学校に要請したのである。このことは、学校に対する「介入」であり、教育委員会の政治的中立性からも問題であった。

書物は紙とインクでできているが、それは著者の思想や思いの体現物である。そのため、古来書物は、政治的権力者からときには「好まれ」、ときには「嫌われ」た歴史を有している。わが国の図書館をみても、戦前には特定図書が図書館から排除される一方で、特定図書が推奨された。図書館を通じた情報操作であり、国民「思想善導」への道であった。それは、図書館が国民の知る権利を保障する機関ではなく、国家の宣伝機関と化したことを意味している。それだけに、個々の図書館資料の収集・提供は個々の図書館で決せられるべきことは、今日の図書館の基本原則である。次章（第2章）で紹介する「図書館の自由に関する宣言」は、そうした考えを明確にしている。

この基本は、学校図書館でも同様である。個々の図書館資料の収集・提供は、個別の学校の教育課程や子どもの状況、地域の教育的ニーズなどを考慮しながら、個別の学校の教育的判断で決すべきものである。

こうした個別の図書の収集・提供に対する市教委事務局の「介入」については、既述のように委員会審議のなかでも、各委員から批判的な意見が数多く出されている。「『ゲン』だけ取り上げ、適正でないとしたのは問題」という指摘もあった。また閉架要請を「圧力になったかもしれない」と述べた副教育長も、資料の選定は「各学校で選書基準を設けて、選定あるいは貸し出し等については学校長の判断で」と見解を述べていた。図書館資料に対しては、学校に自主性・自立性があるという見解である。委員会審議には不十分な点はあったが、二日間の審議のなかで、こうした見解を委員間で共有できたのは大変意義あることだった。そしてこれが、結果として『ゲン』の開架へとつながっていくことになる。

■問われた校長の対応

『ゲン』問題を通して、校長の対応も問われた。松江市教委による閉架要請は二度にわたったが、この「二度の要請に追随した学校の判断」は「制度疲労」とも指摘された（「山陰中央新報」二〇一三年八月二十七日付）。「あぶり出されたのは歴史認識を問題にした一部の陳情者の抗議に結果的に屈した教委と、その教委の〝要請〟に応じた校長の姿勢」（「卓上四季」「北海道新聞」二〇一三年八月二十八日付）とも評された。

図書館の問題に引き付けてこの「判断」「姿勢」を論じれば、次章で詳述する「ユネスコ学校図書館宣言」の次のような指摘とかかわってくる。

学校図書館のサービスや蔵書の利用は、国際連合世界人権・自由宣言に基づくものであり、いかなる種類の思想的、政治的、あるいは宗教的な検閲にも、また商業的な圧力にも屈してはならない。

今回の閉架要請は、こうした検閲や圧力と深く結び付いている。その証左に、委員会審議のなかでも何度か「圧力」「強制」という言葉が出ていた。委員長は、既述のように、閉架要請について

「圧力を掛けることになりかねないという心配はされたか」と、市教委事務局に質問している。
校長のなかにも、閉架要請に批判的見解をもつ人もあった。副教育長は、要請をした校長会で「反対意見も一人あったと思う」（八月二十二日の教育委員会会議）と述べているが、実際は、疑問を有した校長はさらに多かっただろう。問題が明らかになった後に市教委が実施した校長対象のアンケート調査では、「見直し求める声が半数」（「山陰中央新報」二〇一三年八月二十二日付）を占めていた。
こうした閉架措置を、当該の子どもたちはどう感じるのだろうか。『ゲン』の閲覧制限に関して日本図書館協会図書館の自由委員会が出した「要望」（二〇一三年八月二十二日付）に、次のような一節がある。

学校図書館において利用が制限されている蔵書を読みたい子どもが、教師さらに校長の許可を求めることの心理的負担は、とても大きいのではないでしょうか。子どもたちはその本を読むことが教師や校長から良くないことだと思われると受け止めるのではないでしょうか。そして場合によっては、読むことを諦めるのではないでしょうか。子どもたちは、学校図書館を、蔵書の内容によっては自由に手に取り、読むことを抑制する場であると受け止めるのではないでしょうか。学校図書館の自由な利用が歪むことが深く懸念されます。(13)

『ゲン』の閉架に戸惑う子どもの様子を懸念している。

また子どもは、特定の本を決めて図書館に行くとは限らない。書架の間を行ったり来たりし、あれこれ拾い読みをしながら「自分にふさわしい一冊の本」を探し出す。そうした本の発見を可能にするのが開架書架である。閉架書架では、こうした方法による「一冊の本」の発見は難しい。そして、閉架が長期化すれば、次第に当該図書は図書館での存在性を失っていく。それは結果として、子どもの読む権利、知る権利、学ぶ権利を奪うことになる。閉架措置は、そうした「効果」をも生み出すのである。

その閉架措置について、アメリカの学校図書館事情について書いた『学校図書館の検閲と選択』のなかで、著者のヘンリー・ライヒマンは、「親や教師の許可を課すること、制限書架や閉架を設けること」は学校図書館利用者への「巧みな検閲方法[14]」であると述べている。

また「学校図書館メディア・プログラムの資源やサービスへのアクセス」（アメリカ図書館協会評議会採択、一九八六年）では、「〔生徒が利用することについて〕親や教師からの許可を求めること。制限書架や閉架を設けること」は、生徒と資源の間に横たわる「障壁[15]」だと述べている。

閉架要請の受け入れは結局、こうした「巧みな検閲」「障壁」を生み出すことになったのである。

しかし、その校長も閉架要請の撤回は前向きに受け止めた。「中国新聞」（二〇一三年九月四日付）によると、要請撤回の評価は、全四十九校中「支持する」が三十九校で「支持しない」はゼロ、「どちらでもない」と無回答・不明が各五校だったという。「撤回支持」が八割を占めた。支持の理由（自由記述）では、「本来学校が判断すること」「戦争・原爆を否定する資料」と作品の内容を評価する声もあったという。そして制限撤回一週間後の九月三日には、『ゲン』を所蔵する小中学校四十四校のうち八割が、「「閉架」を解消したり解消する方向で教員や司書が検討していることが分かった」(「山陰中央新報」二〇一三年九月四日付)。「要請前の状態に戻」った『ゲン』は、各学校の自主的・自立的判断で、その提供方法を決めることになった。

「朝日新聞」(二〇一三年八月三十日付)は、開架になった日のある中学校の様子を「ゲンが帰ってきたよ」という見出しで、次のように伝えている。

各担任が、朝のホームルームで、生徒に『ゲン』が図書室に戻ることを説明したという。昼休みになると、生徒が図書室に集まり、「読んでもいいの?」。たちまち全巻が本棚からなくなり、生徒たちは真剣な表情でページをめくっていた。校長は「戦争の悲惨さや平和の尊さを伝える資料」として、「過激な描写」については「中学生であれば、受け止められるだろうと判断した」と話した。

安堵の気持ちを抱いた校長も多数いたことと思う。

注

(1) 市教委による提供制限の要請は、さらに翌年(二〇一三年)一月にもおこなわれている。先の要請に対して「一部の校長から各校で対応が違うとの報告を受けた」との理由による。「市教委の要請の強制性が議論を呼びそうだ」(「山陰中央新報」二〇一三年八月二十日付)

（2）これらの報道後、鳥取市中央図書館が、約二年前から『ゲン』を児童書コーナーから事務室に移し、自由に手に取れない状態にしていたことがわかった。小学校低学年の児童の保護者から、「性的描写」を理由に「小さな子が目にする場所に置くのはどうなのか」とクレームがあったため、事務室内に別置きする措置を取り、そのまま放置されていたという。報道後、同図書館は対応を協議、「市民の自由な論議の基になる材料を提供するのが図書館の役目」などの理由から、『ゲン』をコミックコーナーに置くことに決めた（「毎日新聞」二〇一三年八月十九日、二十三日付）。

（3）中沢啓治『はだしのゲン自伝』教育史料出版会、一九九四年

（4）「共同通信」二〇〇七年四月二十九日付。この配布について、「中国新聞」は「第一次安倍政権の「ゲン外交」を知らないのだろうか。当時外相だった麻生太郎氏が自らの肝いりで英語版を各国政府に配って核軍縮をアピールした。いうなれば「国家公認」の作品であることも忘れてはならない」（二〇一三年八月二十三日付）と「社説」で論じている。

（5）「世界をかける〝はだしのゲン〟」（http://www.nhk.or.jp/gendai/kiroku/detail_3387.html）［二〇一四年二月十四日参照］

（6）「世界が共感「はだしのゲン」」「ワールドWave　特集まるごと」（http://www.nhk.or.jp/worldwave/marugoto/2013/08/0806.html）［二〇一四年二月十四日参照］

（7）『ゲン』の提供制限の是非を判断した松江市教育委員会会議録（二〇一三年八月二十二日）から。当該会議での副教育長（当時）の発言。

（8）市議会の審議については、「松江市議会　平成二十四年第四回十二月定例会会議録」（〔http://www1.city.matsue.shimane.jp/gikai/gian/teireikai24-12/gikai-d50.html〕［二〇一四年二月十四日参

照」）による。
（9）『ゲン』の提供制限措置の是非を判断した松江市教育委員会会議録（二〇一三年八月二十二日）から。当該会議での教育総務課長（当時）の発言。
（10）市教委は、閲覧制限を要請する前年（二〇一二年十月）に、教育長名で市内の図書館がある三十四小学校（小中一貫校一校を含む）、十五中学校の計四十九校の校長に『ゲン』の所蔵や貸し出し状況、授業の活用方法など五項目にわたるアンケートを実施している。それによると、『ゲン』を読んだことがあると答えた校長は四十人で、このうちの二十人が感想（自由記述）を回答。肯定的な意見が大半を占めたが、中立的な意見や慎重論も数人あった」という（「山陰中央新報」二〇一三年八月二十一日付）。
（11）松江市教育委員会会議録は「平成二十五年第十一回松江市教育委員会会議録」（八月二十二日）(http://www1.city.matsue.shimane.jp/k-b-k/kyouiku/kyouiku-iinkai/kaigi-naiyou/h25.data/content250822.pdf) と、「平成二十五年第十二回松江市教育委員会会議録」（八月二十六日）(http://www1.city.matsue.shimane.jp/k-b-k/kyouiku/kyouiku-iinkai/kaigi-naiyou/h25.data/content250826.pdf) による［二〇一四年二月十四日参照］。
（12）しかし、閉架要請をした市教委事務局には、当初「要請」が有している問題性についての認識は薄く、閉架要請を教育委員会会議に諮るべき案件とは考えていなかった。日本図書館協会図書館の自由委員会が、松江市教委に対し『ゲン』の件で事情聴取をおこなっている（二〇一三年十月二十一日）。そのなかで、市教委の担当者は「図書館から図書を撤去することはだめだとはっきり認識しているが、閲覧制限あるいは貸出制限はそれとは違うという考えであった」「学校図書館の図書の取り扱いに関する認識が甘かった。物品の使用の感覚で図書をとらえていた」と答えている（「図書館の自由」第八十二号、日本図書館協会図書館の自由委員会、二〇一三年、二―三ページ）。

(13)「図書館の自由」第八十一号、日本図書館協会図書館の自由委員会、二〇一三年、四ページ

(14) ヘンリー・ライヒマン『学校図書館の検閲と選択――アメリカにおける事例と解決方法』第三版、川崎佳代子／川崎良孝訳、京都大学図書館情報学研究会、二〇〇二年、三一ページ

(15) アメリカ図書館協会知的自由部編『図書館の原則　改訂三版――図書館における知的自由マニュアル』第八版、川崎良孝／川崎佳代子／久野和子訳、日本図書館協会、二〇一〇年、一〇九ページ

第2章　学校図書館の「自主性・自立性」

1 学校図書館資料に対する「主体性」の確保

■『ゲン』提供制限に対する関係団体からの見解

「深く憂慮する」「再考を」「撤回を」

『はだしのゲン』の提供制限に対して、図書館関係団体からも「声明」「要望」「申し入れ書」などが出された。

日本図書館協会（JLA）図書館の自由委員会は、「中沢啓治著「はだしのゲン」の利用制限について（要望）」を松江市教育委員会委員長と教育長に送付した（二〇一三年八月二十二日）[1]。子どもたちの「自主的な読書活動」を尊重する観点から、制限措置の再考を求めた内容になっている。また「図書館の自由に関する宣言」（日本図書館協会、一九七九年）をはじめ、国際図書館連盟（ＩＦＬＡ）の“IFLA Statement on Libraries and Intellectual Freedom”（一九九九年）、アメリカ図書館協会（ＡＬＡ）の“Intellectual Freedom Manual”（二〇一〇年版）が規定する関連部分などを参照しながら、今回の制限措置が子どもたちの学校図書館の利用に与える影響について懸念している。

学校図書館問題研究会も、「松江市の小中学校における『はだしのゲン』閲覧制限措置についての申入書」を松江市教育委員会委員長と教育長に送付した（二〇一三年八月二十五日）[2]。『はだしのゲン』の閉架措置と閲覧・貸し出し制限を速やかに撤回することを申し入れたものである。その理由として、学校図書館の使命、多様な情報や資料に自由にアクセスすることができる環境の必要性、今回の措置がもたらす子どもたちの意識への影響、学校図書館資料の選択や除去における学校内議論の重要性、『はだしのゲン』の平和学習の資料としての評価をあげている。

また全国学校図書館協議会（以下、全国ＳＬＡと略記）は、「『はだしのゲン』の利用制限等に対する声明」（以下、「声明」と略記）を公表した（二〇一三年九月二日）[3]。「声明」では、①教育委員会が各学校の選定した図書を各学校の司書教諭・学校司書などの意見を聞くことなく閉架措置を求めたこと、②児童・生徒の情報へのアクセス権を考慮しなかったこと、③学校図書館が有する機能および専門性に対する理解が欠如していたことなどの問題があったとして、今回の措置を「深く憂慮する」という見解を表明した。そのうえで、学校図書館は、多種多様な資料を児童・生徒に提供し、自由な利用による情報へのアクセスを保障すること、そのためには専任の司書教諭・学校司書を配置し、各学校の「学校図書館資料選定基準」に基づいて、「学校図書館資料選定委員会」が教職員、児童・生徒などの要望を考慮して選定をおこなうことを、改めて確認している。

■「検閲」「圧力」に屈してはならない

「ユネスコ学校図書館宣言」

全国SLAの「声明」は、「ユネスコ学校図書館宣言[4]」の一節を引用して、図書館資料への「検閲」「圧力」の排除の重要性を力説している。次の部分である。

学校図書館のサービスや蔵書の利用は、国際連合世界人権・自由宣言に基づくものであり、いかなる種類の思想的、政治的、あるいは宗教的な検閲にも、また商業的な圧力にも屈してはならない。

「ユネスコ学校図書館宣言」(School Library Manifesto Ratified by UNESCO) は、第三十回ユネスコ総会（一九九九年）で批准されたもので、「すべての者の教育と学習のための学校図書館」という副題がついている。そして、その前文には学校図書館の存在意義を、①「今日の情報や知識を基盤とする社会に相応しく生きていくために基本的な情報とアイデアを提供する」、②「児童生徒が責任ある市民として生活できるように、生涯学習の技能を育成し、また、想像力を培う」と述べている。

この「宣言」で、学校図書館サービスや蔵書の利用への「検閲」や「圧力」の排除を謳っているのは、「学校図書館の使命」(The Mission of the School Library) を述べた部分である。その冒頭は、次のようになっている。

　学校図書館は、情報がどのような形態あるいは媒体であろうと、学校構成員全員が情報を批判的にとらえ、効果的に利用できるように、学習のためのサービス、図書、情報資源を提供する。

　すなわち「宣言」は、学校図書館を、構成員（子ども）が情報を「批判的にとらえ」「効果的に利用」できるための「装置」として位置づけ、そうしたことが達成できるように、思想的・政治的・宗教的な「検閲」（censorship）や商業的な「圧力」（pressures）に屈してはならないと述べているのである。

「全国SLA声明」

　そして全国SLAは、「学校図書館評価基準」（二〇〇八年）の「第一、学校図書館の基本理念」のなかで、「ユネスコ学校図書館宣言の理念を全教職員が理解し、担当者は経営や運営に反映させている」かを、評価項目の最初にあげている。学校図書館における国際的スタンダードの、現場での確認である。

　また全国SLAは、図書館資料の収集・提供の自主性・自立性を確保するため、同会制定の「学校図書館憲章」（一九九一年）で、「学校図書館は、資料の収集や提供を主体的に行い、児童生徒の学ぶ権利・知る権利を保障する」と規定している。こうした「主体性」の確保を通じて「児童生徒・教職員の多様な要求に応える」資料選定が可能となるのである。[5]

今回の全国SLA「声明」の核心は、学校図書館の「自主性・自立性」の確保にある。その「自立性・自主性」の対極にあるのが「検閲」「圧力」である。学校図書館がこうした「自主性・自立性」を保持することによって、学校図書館資料は多様性を保ち、図書館サービスは学校と子どもの状況に応じた豊かさを生み出すことになる。そして同時に、「自主性・自立性」が確保されることによって、学校図書館担当者（司書教諭、学校司書など）の意欲と力量も発揮され、各学校に対応した学校図書館運営が展開されるのである。

■「図書館の自由に関する宣言」（一九七九年）

学校図書館への「検閲」「圧力」の排除とのかかわりで参考になる資料に、「図書館の自由に関する宣言」（以下、「宣言」と略記）がある。[6]

この「宣言」は、「前文」ともいうべき部分で、「図書館は、基本的人権のひとつとして知る自由をもつ国民に、資料と施設を提供することを、もっとも重要な任務とする」と位置づけ、こうした原則のもと、図書館の自主性・自立性について、次のように規定している。

図書館は、権力の介入または社会的圧力に左右されることなく、自らの責任にもとづき（略）収集した資料と整備された施設を国民の利用に供する。

こうした考えの背後には、図書館が「思想善導」機関になってしまった戦前の反省がある。戦前のわが国の図書館は、「国民思想善導」機関（第十八回全国図書館大会に対する文部大臣諮問事項、一九二四年）、「国民教化」機関（「図書館員奮励宣言決議」、一九三三年）、「国策浸透」機関（第八十一回帝国議会、一九四三年）として、戦時体制を担う機関の一つになっていった。いわば図書館は国民の知る権利を保障する機関ではなく、情報管理、情報操作の一翼を担っていったのである。そうしたことへの反省をもとに、国民の知る権利を保障する図書館像を提起したのが、この「宣言」である。そして、こうした原則を具体化するために、「宣言」は図書館が確認し実践すべき事項として、次の四項目を列挙している。

①図書館は資料収集の自由を有する。
②図書館は資料提供の自由を有する。
③図書館は利用者の秘密を守る。
④図書館はすべての検閲に反対する。

そして、資料収集、資料提供に関して、さらに次のように述べている。

個人・組織・団体からの圧力や干渉によって収集の自由を放棄したり、紛糾をおそれて自己規制したりはしない。

図書館の保存する資料は、一時的な社会的要請、個人・組織・団体からの圧力や干渉によって廃棄されることはない。

前文に重ねて、図書館の自主性・自立性を規定している。いわば、図書館資料の収集・提供に対する公権力（および社会的諸勢力）からの「介入排除権」である。図書館にとってこうした「介入排除権」が不可欠である理由は、図書館資料に対する多様性の確保や利用者の資料へのアクセス権を最大限に保障するためである。なぜなら、もし図書館に対する権力の介入が容認されるとすれば、図書館は国家が公認した思想（情報）の集積庫と化し、図書館はそうした思想の宣伝機関になりかねないからである。

こうした介入排除権は、図書館に付与された図書館固有の権限の行使、すなわち資料収集の自由、資料提供の自由、さらには利用者の秘密の遵守などといった図書館自身の日常的営為によって確保される。すなわち図書館には、

①公権力（および社会的勢力）の干渉や圧力を排除し、地域住民の読書要求、生活要求、さらには文化的要求を根底に、自らの責任により作成した収集方針に基づき、資料の選択・収集をおこなう自由

②収集した資料は、公権力（及び社会的勢力）の干渉・圧力などによって妨げられることなく、正

当な理由がない限り国民の自由な利用に供する自由が保障されているのである。これらの自由は、国民の図書館利用権を確保するために図書館が有する「権限」としての自由であり、対国民的責務の遂行上、図書館に付与された「権限」としての自由である。そしてそれは、図書館の対外的自主性・自立性を維持・確保するための制度的保障である。

■『ゲン』の「撤去」「自由閲覧」の陳情、請願

『ゲン』の提供制限が問題になって以来、いくつかの自治体に対して、様々な団体から、学校図書館からの『ゲン』の「撤去」あるいは「自由閲覧」を求める陳情、請願が出された。「東京新聞」の調査によると、『ゲン』を教育現場から「撤去」するよう求める請願や陳情が二〇一三年九月以降、東京都と都内の区市の教育委員会・議会に合計十四件提出されたという。また全国の道府県教委も調べたところ、都以外では請願は出されていないという（「東京新聞」二〇一四年二月二十一日付）。しかし、その後の「朝日新聞」（二〇一四年五月二十九日付）の報道によると、『ゲン』の「撤去や閲覧制限につながる陳情が二、三月定例会まであったのは、宮城、埼玉、千葉、東京、神奈川、高知、鹿児島の少なくとも七都県の五十四自治体の議会や教委。陳情や請願を採択したり、撤去などに乗り出したりする自治体は今のところみられない」という。

「新しい歴史教科書をつくる会」は、提供制限が撤回された後（二〇一三年九月十一日）、『ゲン』を有害図書として、教育現場から撤去を求める要望書を下村博文文部科学大臣に提出した（「朝日

新聞」二〇一三年九月十二日付)。同会の「要請」文によると、「性に関する有害図書、暴力に関する有害図書と同様、教育の目的に反する有害図書として、『はだしのゲン』を教育現場から速やかに撤去すべく、全国の教育委員会及び学校に向けて指導されるよう、強く要請いたします」となっている。

■『ゲン』をめぐる東京都練馬区教育委員会での審議

東京都練馬区教育委員会には、教育委員会委員長宛てに『はだしのゲン』の「教育現場からの撤去を求める陳情」「自由閲覧の維持を求める陳情」などが、合計七件提出された。区教育委員会は、これらの案件について十二月二日(二〇一三年)開催の定例会で審議し、委員五人全員一致でいずれの陳情も「不採択」と決定した。

この定例会では、学校図書館の意義、子どもの情報入手権(知る権利)、図書選定に対する教育委員会の立場などが論議されている。委員会の会議録をもとに、その論議の一端を見てみる。(7) 発言は、一部省略してある。

第一は、「選書」についてである。先の定例会(十一月十八日)で、ある委員から「選書に関する資料」の提出を求められていた。それに対し、担当者(教育総務課長)から次の二点の説明がされた。

〔選書は:引用者注〕管理職、司書教諭、教員、児童生徒の代表の全員または一部が図書目録、展示会、あるいは推薦図書を利用して、それぞれの立場に基づいた視点で選定しているものである。練馬区では、学校図書館の支援員、それから学校図書館の管理員に助言を求めている場合もある。

選定に当たっては、学校図書館の選定基準を参考として、最終的には学校長の判断のもとで（略）配架しているものである。

第二は、学校図書館と読書の意義についてである。ある委員は学校図書館法をもとに、学校図書館の意義を次のように述べている。

A委員　学校図書館は学校における教育活動を豊かにして、児童生徒の読書活動を支え、思考力や判断力、表現力、感性等を培い、意欲的な学び、そして豊かな人間性を培う機能を持つものであると言えるのではないかと思う。

また読書の意義については、次のような意見が述べられた。

C委員　〔図書が：引用者注〕人や子供たちに影響を与えるものということは確かだと思っている。しかし、いろいろな図書に触れて、考えて、子供たちが成長するものだと思う。いろいろなことを感じ、いろいろな意見を持つ児童生徒が出てくるかもしれないけれども、教育指導課長がおっしゃったように、先生方や保護者の方々はその疑問に答えていただき、そこから子供たちはいろいろな考え方があるということを学べばよいのではないかと思っている。

B委員　子供たちがさまざまな考え方を学ぶことは、物事をさまざまな視点から考え、異なる少数意見に対しても寛容な精神を持つことの大切さを学ぶ機会となり、（略）当然の権利として認められるものである。自由に読書する権利は憲法二一条（略）に照らし合わせ保障されなければならない。（略）自由な読書を通して子供たちが自分の考えを持ち、質問し、思ったことを言い、表現できるよう指導していくことが大切である。子供たちの学習する権利を大人社会はこれからも保障していかなければならない。

第三は、『ゲン』についてである。この点についても数人から意見が出た。

B委員　『はだしのゲン』は著者の体験に基づくとはいってもフィクションである。およそ四十年前に著され、今日まで伝えられ、一定の評価を得ていると思うが、児童文化は一般的に教育性が求められてはいない。したがって、学校においてこれを教育の題材として用いるような場合は、教育活動を踏まえ教育の目的、使用方法、適切性、さらに子供の発達段階に即した用い方等の検討が必要である。

教育長　『はだしのゲン』については個人的に一部容認しがたい表現があると思っている。しかし『はだしのゲン』は（略）ドキュメンタリーでもなければ、歴史書でもないわけで、一つ一つのせりふ、それから表現〔に：引用者注〕ついては、たとえ作者の思想や主張が込められたせりふや表現だったとしても、またそれが真実でなかったとしても、またそれが読者の意に沿わなかったとしても、それらは一つの作品の一部だと思っている。

私は、作品全体を通して見たときに、『はだしのゲン』の図書については、この作品自体を子供たちの目からあえて隔ててしまうよりは、子供たちの選択の目を信じて、その上で子供たちの発達段階に応じた適切な指導が各学校において行われるということがあるべき姿であると考えている。

第四は、学校図書館資料の選定に対する教育委員会のかかわり方についてである。この点は、すべての委員が見解を表明している。

B委員　教育委員会がこのような特定の図書についての陳情を採択するということは、そのような選書の公平性を欠くことになるのではと危惧している。

C委員　特定の図書に関する選書の可否については、教育委員会が統制するべきではなく、学校図書館における特定の図書についての是非については、選書の公平性や公正性を妨げる。

A委員　教育委員会がそれを〔選書を：引用者注〕統制するということは公平性、それから公正性を欠くことになる。

教育長　この作品〔『ゲン』：引用者注〕は教育委員会が一律に統制すべき図書には当たらない。

委員長　教育委員会が、特定の図書について、図書館にこの本を入れなさい、入れないようにしなさいということを一律に指示することは選定の公平、公正をゆがめることになるのではないかと思う。

こうした論議を経て、「学校図書館における図書の選定、購入、取り扱い、廃棄は、指定有害図書以外の図書については学校の実情に沿って、各学校長の判断のもとに行われるべきものであり、教育委員会が一律に統制を図るべきものではないという点で各委員の意見が一致した」（委員長「まとめ」）。「撤去」「自由閲覧」の両陳情とも不採択となったのである。

■東京都教育委員会の対応

東京都教育委員会にも、同様の「撤去」「自由閲覧」を求める市民団体の請願が出された。それに対し、一月九日の教育委員会で「学校図書館の書籍は校長の権限で選んでいるとして、特定の図書に対する新たな指導や意見表明はしない」という決定をした。請願に対しては「応じない」という回答である（「朝日新聞」二〇一四年一月十日付）。

さらに、東京都西東京市、東京都港区の各教育委員会に提出されていた陳情も「不採択」となった。また、東京都新宿区、千代田区、大田区の各教育委員会は「応じない」という回答をした（「東京新聞」二〇一四年二月二十一日付）。

2 学校図書館に関する専門的知識・技能——学校図書館担当者、校長の「校務」

■「学校図書館の計画的な利用」

小学校、中学校、高等学校、特別支援学校などの学習目標、学習内容など教育課程の基準を示した学習指導要領は、第一章「総則」の第四「指導計画の作成等に当たって配慮すべき事項」などで、次のように述べている。

学校図書館を計画的に利用しその機能の活用を図り、児童〔生徒：引用者注〕の主体的、意欲的な学習活動や読書活動を充実すること。〔〔　〕内は中学校、高等学校〕

この「学校図書館の計画的な利用」は、当然にも当該学校の教育課程と深くかかわっている。例えば各学校で、どのような教育目標、教育方針のもとで日々の教育実践が営まれているかは、学校図書館利用に大きな影響を与える。また、当該学校の子どもたちがどのような諸条件（経済的・社会的・文化的条件など）のもとで学校生活を過ごしているのか、その違いもまた、個々の学校図書館のありように深くかかわってくる。

それだけに、「学校図書館の計画的利用」は、当該学校の諸条件を考慮に入れたものでなければならない。そして、こうした個別の学校の教育営為、諸条件の相違は、当該学校図書館が収集・提供する資料の相違にも連動することになる。学校は一つひとつ違う顔をもち、その顔に応じて図書館資料は異なり、提供の仕方も異なる。

また、教師（学校）がどのような学習を構想し、どのような力を子どもに付けさせ、どのような思いを子どもの心に届けようとするかは、学校図書館が収集する資料とその提供のありようとも深くかかわってくる。それは学習内容にとどまらず、学習方法とも密接に結び付いたものである。疑問や課題を発見し、それを自ら調べ、学びを発展させていく学習方法は、今日の教育で強く求められている学習方法である。しかし、そうした学習方法が効果を発揮するには、各教師（学校）の学習の目的に沿い、しかも当該の子どもの理解・発達段階を勘案した学校図書館資料が不可欠である。そして、同一の教材（学習内容としての教材）であっても、学びのプロセス・方法によって、学習の「道具」としての図書館資料は異なる。したがって、そうした相違に対応した資料の収集が必要になってくる。既述の練馬区教育委員会会議での、「学校図書館の図書の選定は教育的配慮のもと、授業の実情や子供たちの発達段階に応じて」選ばれるべき（委員長）、あるいは「特定の図書の選定について可否を示すなどの図書の取り扱いについて指示することは、学校図書館が教育活動と密接な関係を持つことから慎重であるべき」（Ｂ委員）といった見解は、そうした個々の学校に対応した資料収集の重要性を指摘したものでもある。

『ゲン』問題で、資料収集について問われた全国ＳＬＡの森田盛行理事長は、「学校図書館の蔵書構成は、そもそもその学校が決めることです」としたうえで、次のように述べている。

たとえば、同じ市内でも海辺の学校と山間地の学校、街中の学校では保護者の仕事や家庭環境が違います。また、地域によっては、昔からの住民が多い学校、新しく入ってきた住民が多い学校もある。保護者の考え方もさまざまで、家庭の背景を背負っている子供もそれぞれです。そうすると当然、学校はひとつひとつ異なり、必要とされる本も違ってきます。さまざまな背景を持った子供たちに一律に同じ本を読ませるということは、マイナスになることもあるのです。(8)

いわば、個別の学校に対応した資料収集の重要性である。

■図書館資料の収集・提供に対する「権限」

学校図書館資料の収集・提供の「権限」が学校にあることは、法的にも明らかである。

まず第一は、学校図書館法である。同法は学校図書館の運営事項の冒頭に、「図書館資料を収集し、児童又は生徒及び教員の利用に供すること」(第四条一項)を規定している。そして、こうした行為の主体は「学校」となっている。学校が図書館資料を収集・提供するのである。

第二は、学校教育法である。同法は校長の職務として、「校長は、校務をつかさどり」(第三七条二項)と規定している。そのつかさどる「校務」のなかには、「学校教育において欠くことのできない基礎的な設備」(学校図書館法第一条)である学校図書館の運営も含まれる。すなわち、図書館資料の収集・提供を含め、学校図書館運営は、校長に体現された学校の「権限」なのである。

こうした規定には、教育行政が学校図書館資料の収集・提供に関与すべきではないという意味が含まれている。換言すれば、学校図書館資料の収集・提供は、個別の学校の教育目標を実現するために学校に委ねられた「権限」としての裁量であり、その最終的責任・判断は、各学校の校長が有することになる。

■学校図書館担当者——専門的知識・技能の必要性

学校図書館サービスの実践には、専門的知識や技能を要する。そのため、学校図書館法では、学校図書館の「専門的職務を掌る」ために司書教諭を置くことを規定している(第五条)。そして、その司書教諭になるには、教員免許状の取得に加えて、文部科学大臣の委嘱を受けた大学(など)でおこなわれる司書教諭講習の修了が必要である。

この規定は、学校図書館の業務がほかの学校業務とは区別された専門的なものであることを前提とし、学校図書館にそうした専門的力量を備えた「人」（司書教諭）の配置を求めたものである。

しかし、学校図書館は司書教諭の配置だけで事足りるわけではない。全国の学校には司書教諭とともに、学校図書館業務を担当する学校司書が配置されている。[9]さらには係教師、学校図書館ボランティアを置いている学校もある。これら図書館担当者が「協働」関係を構築して、学校図書館サービスの展開にあたることになる。その中心に、資料の収集（選書）・提供という業務がある。そして、この二つの業務は一体のものである。収集は提供を前提にしており、収集された資料はその出番（利用者）を待っている。その意味で、収集（選書）という営みは図書館業務の出発点であり、終着点でもある。

そのために、学校図書館担当者は利用者群を十分に考慮し、自校の教育課程の内容を把握し、収集するメディアの相違にも配慮し、さらには当該学校図書館の財政的制約（図書館予算）や施設的制約（収蔵能力）にも意を払いながら資料の収集をしなければならない。特に何学年のどの教科でどのような学習が展開されているかは、図書館資料の収集の際に考慮すべき重要な事項である。自校の子どもが何に興味・関心があるのか、さらには自校の生徒が通う地域はどのような地域なのかも、地域に密着した学校づくりには欠かせない視点である。

また、収集した資料が自校の図書館に合致したものであるか否かは、その資料の利用のされ方、利用頻度などと深くかかわっている。そのため資料の収集にあたっては、資料の利用状況を詳細に知ることが重要になってくる。

さらに、資料（図書）収集という営みは膨大な出版物のなかから求める資料を一点一点選び出す営為なので、出版されている資料（図書）の書誌的情報を知る必要がある。また、学校図書館の基本的図書群として収集すべき資料は何なのかを知る必要もある。

それに加えて、資料選択では図書館担当者の考えだけでなく、学校管理者を含めて学校構成員の多くの意見が反映される必要がある。[10] これは資料の偏りを防ぎ、多様性を確保するための要件である。そのために、各学校に資料選定のための組織（例えば「選定委員会」）を設ける必要がある。ときには、利用者である児童・生徒、さらには保護者・地域社会のニーズを知ることも必要になってくる。

資料収集の基準（学校図書館図書選定基準）の作成も大切である。恣意的・偏向的な選択がされると、学校図書館への信頼を損ないかねない。本書第7章で紹介する『学校図書館の検閲と選択』のなかで、著者ライヒマンは「専門職教育の一つの目的は自分の偏向を認識して超越する能力を培うことにある」、専門家は「全国レベルの多様性のために高位の寛容性を維持しつつ、コミュニティや親の関心を考慮する方法、コミュニティや親と協力して事にあたる方法を知る必要がある[11]」と述べている。

資料選定の作業には、こうした多くの要素が含まれている。その意味で、学校図書館資料の収集・提供では、何よりも学校図書館に関する専門的知識・技能をもち、図書選択に関する理論を学び、自校の図書館利用の状況などに最も詳しい図書館担当者（司書教諭や学校司書）の意見が重要なのである。

■「校務」を担う責任者としての校長

学校教育法は、校長の職務として「校長は、校務をつかさどり、所属職員を監督する」（第三七条四項、四九条〔中学校〕、六二条〔高等学校〕に準用規定）と規定している。

そのつかさどる「校務」は、教育課程（編成・実施、年間指導計画の策定など）、教職員人事（教職員の採用・異動、校内人事、校務分掌の決定、教職員への指導・助言など）、児童・生徒の取り扱い（児童・生徒の指導、出席状況の把握、懲戒など）、学校保健、学校事務、予算（物品購入の決定など）、施設・設備など多岐に及ぶ。そして、既述のように学校図書館運営は教育課程の展開にかかわる（学校図書館法第二条）ので、校長の「校務」に属することは言を俟たない。そのため、資料の収集・提供も校長の「校務」の一部である。

しかし学校教育法施行規則は、「調和のとれた学校運営が行われるためにふさわしい校務分掌の仕組みを整える」（第四三条）と規定している。その意義は「学校において全職員の校務を分担する組織を有機的に編成し、その組織が有効に作用するよう整備すること」(12)にある。学校経営では、こうした組織、いわば校務組織が「有機的に編成」され、その組織が「有効に作用」しなければならない。どの学校でも、学級担任や教科担任をはじめ様々な「校務」は、こうした分掌によって担われる。学校図書館を管轄する組織も、そうした意味での校務組織の一つ、いわば「校務分掌」の一つである。すなわち、学校図書館担当者は「校務」分掌の一部として、学校図書館業務を担当するのである。そしてその業務の遂行には、専門的知識・技能が求められている。

そのため校長は、こうした専門的知識や知見を最大限尊重した形で、資料の収集・提供という「校務」をおこなう必要がある。換言すれば、校長には学校図書館に関する「校務」が無条件に委ねられているわけではない。

したがって、校長には、学校図書館の意義の十分な理解を前提に、学校図書館がその目的を十分に発揮できるように人的資源を配置し（「人」の配置）、財政措置をし（図書館運営費）、図書館サービスが展開できるような条件整備が求められる。さらに校長には、①学校図書館の意義について職員会議などで話す、②全校集会などで、生徒に図書館利用や読書の勧めについて話をする、③学校図書館にしばしば足を運ぶ、④図書館担当者と学校図書館運営について打ち合わせをする、⑤「学校図書館経営計画」を学校の経営計画のなかに組み込む、などが望まれる。

■専門的知識・技能を活かせる条件整備

本章の最後に、こうした学校図書館担当者の現状について略述する。

学校図書館運営に学校図書館担当者の意見が十分に反映されるためには、担当者の配置のあり方やその身分保障が重要になる。全国ＳＬＡも、先の「声明」のなかで「専任の司書教諭・学校司書の配置」を力説しているが、担当する「人」の状況がどのようになっているかは、資料の収集・提供のありようにも大きな影響を与える。

その「人」の配置について、『ゲン』の提供制限が起きた松江市を含む島根県を見ると、県全体では、公立学校での司書教諭の発令状況と学校司書の配置状況は全国平均よりも高い（二〇一二年五月現在)。司書教諭については十二学級以上の学校への配置は島根県、全国ともほぼ一〇〇%、十一学級以下の学校への配置は小学校六〇・一%(二三・九%)(カッコ内は全国)、中学校六七・九%(二六・〇%)である。また学校司書の配置は小学校九九・六%(四七・九%)、中学校九七・〇%(四七・六%)である。特に学校司書の配置状況はほぼ一〇〇%であり、島根県が学校図書館に熱心に取り組んでいる様子がうかがえる。[13] 知事の「肝煎り」で二〇〇九年度に始まった「子ども読書活動推進事業」によるところが大きいという。この「子ども読書活動推進事業」は、学校司書の配置、司書教諭の養成補助と悉皆研修など多岐にわたっている。その結果、「力量を高め、意欲のある司書教諭や学校司書が増えてきている」という。[14]

しかし、一〇〇%配置に近いその学校司書の雇用形態は、ボランティアや短時間勤務が大半であるという。そして「このような不安定な雇用に加えて学校司書は、現状では図書館運営の権限が充分に与えられていない。職員室に机がなく、職員会議にも出ておらず、一人職場であることが多い。校長からの〔『ゲン』の：引用者注〕閲覧制限指示に対し、現場の学校司書は誰にも相談できず従わざるを得なかったと思われる」[15]という報告がある。「子どもが読みたい、見たいという本を、すぐに渡してあげられないのがつらかった」(「朝日新聞」二〇一四年八月二十七日付)。『ゲン』の提供制限を指示された松江市の小学校の司書の思いは、学校司書の多くの思いだったと思う。

その学校司書の配置状況は、全国的には厳しい状況下にある。全国学校図書館協議会研究調査部がおこなった「二〇一三年度学校図書館調査報告」(二〇一三年六月調査)によると、「学校司書がいる学校」は小学校六六・四%、中学校六九・五%、高等学校七六・九%である。また、この学校司書の雇用形態には正規、臨時（雇用期間が六カ月や一年などに限定され、そのつど切り替えられる）が併存していて、その割合は小学校一一・九％（八八・一％）（カッコ内は臨時）、中学校一一・九％（八九・〇％）、高等学校七一・〇％（二九・〇％）である。また、職務形態も専任と兼任の両形態があり、その割合は小学校六四・八％（七・四％）（カッコ内は兼任）、中学校六八・三％（六・七％）、高等学校七七・八％（二〇・五％）である。(16)

また司書教諭についても、学校図書館法改正の際の国会の附帯決議、文科省通知（「学校図書館法の一部を改正する法律等の施行について」、一九九七年）などで、「担当授業時間数の軽減」が求められている。だが文科省の調査によると、全国的には十二学級以上の学校（カッコ内は十一学級以下の学校）で軽減措置を実施している学校は小学校七・二％（七・五％）、中学校九・三％（一〇・二％）、高等学校一三・五％（一一・八％）である。(17)この数字が示しているとおり、その実施は部分的・限定的である。

司書教諭も学校司書も、その職務を全うするには、極めて不十分な状況である。学校図書館サービスが十分に展開されるためには、司書教諭が配置されるだけでは不十分である。司書教諭と一緒に学校図書館を担当する学校司書や係教師が必要なのである。一人の司書教諭が配置されてそれで終わりとする学校図書館では、その機能を十分に発揮できない。すなわち学校図書館には、その仕事の多様性ゆえに、チームとしての「人」が必要なのである。そして、その「人」の身分が保障されることが大切なのである。

注

（1）日本図書館協会図書館の自由委員会「中沢啓治著「はだしのゲン」の利用制限について（要望）」（http://www.jla.or.jp/portals/0/html/jiyu/hadashinogen.html）〔二〇一四年二月十四日参照〕

（2）学校図書館問題研究会「松江市の小中学校における『はだしのゲン』閲覧制限措置についての申入書」（http://gakutoken.net/opinion/appeal/?action=common_download_main&upload_id=218）〔二〇一四年二月十四日参照〕

（3）全国学校図書館協議会「「はだしのゲン」の利用制限等に対する声明」（http://www.j-sla.or.jp/pdfs/seimei-hadashinogen.pdf）〔二〇一四年二月十四日参照〕

（4）「ユネスコ学校図書館宣言 すべての者の教育と学習のための学校図書館〔含 解説〕」は、「図書館雑誌」第九十四巻第三号に、長倉美恵子・堀川照代の訳で掲載されている（日本図書館協会、二〇〇〇年、一七〇―一七一ページ）。原文は“UNESCO/IFLA School Library Manifesto”〔http://www.unesco.org/webworld/libraries/manifestos/school_manifesto.html〕〔二〇一四年二月十四日参照〕を参照）。

（5）全国ＳＬＡの「学校図書館評価基準」「学校図書館憲章」は、全国ＳＬＡのウェブサイト（〔http://www.j-sla.or.jp/〕〔二〇一四年二月十四日参照〕）に掲載されている。

（6）「図書館の自由に関する宣言」（一九七九年改訂）は、日本図書館協会のウェブサイト（〔http://www.jla.or.jp/library/gudeline/tabid/232/Default.aspx〕〔二〇一四年二月十四日参照〕）に掲載されている。

（7）東京都練馬区教育委員会「平成二十五年度第二十三回教育委員会定例会会議録」（http://www.city.nerima.tokyo.jp/kusei/gakko/kyoikuiinkai/nitei_h25/ugoki/ugoki2512.files/251202.pdf）［二〇一四年二月十四日参照］

（8）「「はだしのゲン」閲覧制限問題 子供たちが学校で読む本はどうやって選ばれている？ 全国学校図書館協議会の森田盛行理事長に聞く」（〔http://www.huffingtonpost.jp/2013/09/09/hadashinogen_n_3891486.html〕［二〇一四年二月十四日参照］）

（9）しかし、これらの学校図書館担当者の配置は、学校によってそれぞれ異なっている。「学校図書館における人的整備の状況」は、文部科学省児童生徒課「平成二十四年度「学校図書館の現状に関する調査」結果について」（〔http://www.mext.go.jp/a_menu/shotou/dokusho/link/__icsFiles/afieldfile/2013/05/16/1330588_1.pdf〕［二〇一四年二月十四日参照］）を参照。

（10）学校図書館運営に管理職がかかわることは、極めて重要なことである。『ゲン』の提供制限が問題となった松江市では（二〇一三年十一月末現在）、「管理職を構成員とする図書館運営にかかる組織がある学校」は、小学校（三十四校中十六校）四七・一％、中学校（十六校中九校）五六・三％である。また「資料の収集方針にかかる選書基準、廃棄規準がある学校」は、小学校（三十三館中二十五館）七五・八％、中学校（十六館中九館）五六・三％である（松江市教育委員会学校教育課学校図書館支援センター「RAINBOW――松江市学校図書館支援センターだより」第五十五号〔http://www1.city.matsue.shimane.jp/k-b-k/gakkou/〕［二〇一四年二月十四日参照］）。これらの「組織」「基準」の割合は、全国的にも高いと思われる。本書第1章で詳述した市教委事務局による『ゲン』の閉架要請に対して、これらの「組織」「基準」はどのように機能したのだろうか。

（11）前掲『学校図書館の検閲と選択』九ページ
（12）鈴木勲編著『逐条　学校教育法』第七次改訂版、学陽書房、二〇〇九年、三五二ページ
（13）前掲「平成二十四年度「学校図書館の現状に関する調査」結果について」
（14）林良子「人と出会い、夢をかなえる学校図書館」、全国学校図書館協議会編「学校図書館」第七百五十九号、全国学校図書館協議会、二〇一四年、三一ページ
（15）谷嶋正彦「『はだしのゲン』閲覧制限措置問題」、日本図書館研究会編「図書館界」第六十五巻第五号、日本図書館研究会、二〇一四年、二九一ページ
（16）「二〇一三年度学校図書館調査報告」、全国学校図書館協議会編「学校図書館」第七百五十七号、全国学校図書館協議会、二〇一三年、四一―四八ページ
（17）前掲「平成二十四年度「学校図書館の現状に関する調査」結果について」

第3章　「自ら考え自ら判断」する態度を養う
――「皇国民」教育、「自発的学習」、そして学校図書館への期待

1 学校図書館の母体としての「新教育」

■「新教育」と学校図書館

『ゲン』の提供制限問題では、改めて「学校図書館とは何か」が問われた。前章で紹介した全国SLAの「声明」を引用するなら、「学校図書館の有する機能及び専門性に対する理解」が問われたのである。

そこで本章ではまず、戦前の「皇国民」を養成した社会的・教育的状況を論じる。次に、戦後教育の所産としての学校図書館の意義について論じる。最後に、学校図書館をめぐる近年の動向、学校図書館に課せられた期待を論じることにする。

その学校図書館は、戦後教育の思潮としての「新教育」の胎内から生まれた。戦後三年目（一九

四八年）に『学校図書館の手引』が出されたが、これは文部省（当時）が出した学校図書館の手引としては最初のものである。この『学校図書館の手引』には、新しい教育（戦後教育）と学校図書館の不可分性に関する次のような記述がある。

日本は、今、新教育制度の確立と発展とをめざして意義深い歩みを進めつつある。そして重要な変革や改善が行われつつある。この改革の達成を促進するためにはいろいろの問題があるが、学校図書館の問題はその最も重要なものの一つである。（略）学校図書館は、新しい教育においては、きわめて重要な意義と役割とを持っている。(1)

その戦後教育は、戦前の国家主義的教育との決別から始まる。終戦直後の一九四五年九月十五日、文部省（当時）から「新日本建設の教育方針」が発表される。この文書は、連合国が関与しなかった時期の日本側の教育方針を示している。そこには新教育の方針として、軍国的思想や施策の払拭、国民の教養の向上、科学的思考力の涵養、平和愛好の信念の養成などが掲げられている。また四五年暮れまでには、教育に関する連合国の指令も出される。中央集権的な教育行政の廃止、修身・国史・地理の教科の停止、国家と神道との関係の断絶などがそれである。敗戦とともに、新しい教育が動き始めたのである。

■『新教育指針』

戦後教育の出発期に、一冊の教師向け文書が出された（一九四六年）。この文書は、文部省（当時）が戦後の新しい教育の目当てと実行の手立てを示すために作成した文書である。この文書はその表題に『新教育指針』と付されていたこともあり、わが国の戦後初期の教育は「新教育」と呼ばれた。『学校図書館の手引』が出される二年前であり、この指針の精神は学校図書館も含めて、戦後教育のありように大きな影響を与えた。

この『新教育指針』には、「日本をこのような状態にさせた原因」（日本の国家制度や社会の組織の欠点、日本人の考え方の弱点）の一つとして、次のような指摘がされている。

日本国民は、批判的精神に乏しく権威に盲従しやすい。（略）政府は、憲法に保障されているにもかかわらず、言論や思想の自由その他人間の大切な権利を無視して、秘密警察や、拷問を用い、国民は政治を批判する力を失い、「お上」の命令には文句なしに従うようになった。（略）このような態度があったればこそ、無意味な戦争の起るのを防ぐことができず、また戦争が起っても政府と国民との真の協力並びに国民全体の団結ができなかったのである。(2)

日本国民には、批判的精神の欠如、権威への盲従などが見られたが、それは言論や思想の自由などの諸権利の侵害、秘密警察（特高警察）や拷問などの治安体制の強化とセットになっていたという指摘である。

■「批判的精神」の発露――自由民権運動、大正デモクラシー

振り返って考えると、日本国民はもともと、「批判的精神に乏しく権威に盲従しやすい」国民ではなかった。鋭い批判力と権威におもねらない精神をもっていた。

例えば、明治政府（天皇と藩閥による中央集権的な官僚政府）に対して国会の開設や憲法の制定などを求めた自由民権運動は、批判的精神の発揮と権威に対する抗議の運動でもあった。そうした運動のなかで、立憲主義に基づく憲法構想が論議され、「私擬憲法」も多数発表された。その私擬憲法には、国民の権利や自由を詳細に規定し、圧政に対する人民の抵抗権まで認めた草案（植木枝盛「日本国国権案」、一八八一年）、集会・結社の自由、学問・教育の自由、法の下の平等などを掲げた草案（「日本帝国憲法」〔五日市憲法草案〕、一八八一年）[3]など、発見されただけでも約四十にのぼるといわれている。[4]

歴史学者・色川大吉は、自由民権運動のなかで、全国では優に千社を超える結社が存在していたとして、「明治初期においては、人民がはじめてみずからの力で手中にいれたそれらの結社は、人間形成の場であったばかりでなく、あらゆる運動の〝根拠地〟の意味をもちあわせていた。人民はそこでじっさいに新しい時代の息吹を呼吸し、自治とは何かを実感し、自分の人生の将来と日本の理想像とを夢見ることができた[5]」と述べている。

また大正から昭和初期（一九一〇―二〇年代）に、比較的立憲主義的な政治がおこなわれた時期

があった。いわゆる「大正デモクラシー」である。美濃部達吉の天皇機関説、吉野作造の民本主義、原敬を首班とする政党内閣の誕生など、民主主義的・自由主義的な学問や文化、政治が花開いた。

こうしたことを思うと、そもそも日本国民は、「批判的精神に乏しく権威に盲従しやすい」国民であったわけではないことがわかる。

2「批判的精神に乏しく権威に盲従」——言論弾圧の治安立法

■言論弾圧の治安立法——治安維持法

しかし人民の「息吹」や「自治」への思いは国家権力によって封じ込められる。例えば明治政府は、相次ぐ言論統制、思想弾圧の法律を制定する。集会条例(一八八〇年)、保安条例(一八八七年)、軍機保護法(一八九九年)、治安警察法(一九〇〇年)、新聞紙法(一九〇九年)などがそれである。こうした法律が、次第に国民を「物言わぬ、物言えぬ」国民へと仕立て上げていった。その思想統制法の最たるものが治安維持法(一九二五年)である。同法は、「国体の変革」「私有財産制度の否認」を目的とした結社への組織・加入に対して、十年以下の懲役または禁錮に処すことを規定した。しかもその三年後(一九二八年)には、「国体の変革」に関する最高刑は死刑となった。当初は共産主義者や社会主義者の弾圧を意図していたが、まもなく弾圧の対象は自由主義者や民主主義者、宗教家などにまで広がっていった。そうした統制は、次第に学問の自由への弾圧につながっていく。滝川事件（一九二八年）、天皇機関説事件（一九三〇年）は、そうした事例の典型である。そして、そうした統制はさらに学校教育へとつながり、後述する国定教科書は、次第に戦時色が深まるとともに皇国民育成の「手段」と化していった。そうしたなかで、「批判的精神に乏しく権威に盲従しやすい」国民が生み出されていったのである。

■教育への弾圧――「北海道綴方教育連盟事件」

北海道では、この治安維持法と関連した「北海道綴方教育連盟事件」という教育への弾圧事件があった。

戦時体制下の一九四〇年十一月二十一日と翌四一年一月十日の二度にわたり、子どもに「日々の生活をありのまま表現させよう」と綴方教育を実践していた北海道各地の小学校教師など約六十人に対し、治安維持法違反の嫌疑で大がかりな家宅捜査と検挙がおこなわれ、このうち十二人が起訴された事件である。戦時下の弾圧事件では、北海道内最多とされる。

この事件の弁護を担当したのは、のちに初代の民選札幌市長になる高田富與である。[6] この事件で弾圧を受けた教員のなかには北海道師範学校（現・北海道教育大学）卒業の教師がいたが、高田もまた事件の二十数年前に同師範学校を卒業し（一九一四年）、その後中央大学で学び、弁護士として活躍していた。その高田が自らの生涯を語った著書『なぎさのあしあと』に、「私の弁護士生活のうちで、最も力を注ぎ、最も苦心した案件」として、この事件の概要が記されている。それによると、起訴事実は「共産主義を信奉若しくは抱懐し又はその妥当性を確信したということと、コミンテルン又は日本共産党の目的遂行のためにする意図で、小学校児童に対して生活綴方教育を実践し、且つこの意図による綴方教育を普及すること等のために研究発表を行った」[7]ことにあったという。

『戦後北海道教育運動史論』には、どのような作品がどのように歪曲されたかの例が紹介されている。出かせぎに行った父さんがやっと帰り、日にやけて黒くなった様子を書いた六年生の詩が、「貧困家庭及び筋肉労働場面の基底裏面諸相を掘下げて観察、鋭く批判、露骨に具象化表現したる児童詩」（公訴事実）となる。また、自分の家では父が仕事に出るので母も早く起きなければならない、私も早く大きくなって働き、少しでも家の手助けをしたいと、家の様子と親孝行の気持ちを綴った六年生女子の作文が、「児童に家庭の貧困を意識せしめ、将来プロレタリアとしての階級闘争の素地を養なうための指導作品である」となる。あるいは、寝小便をして母親にしかられたときのことを書いた一年生の児童の詩に、担任が「はずかしいことだが、げんきよくかけましたね」と指導したことが、「生活事実の暗黒面を探索、其真相を暴露する方法を通し、階級意識に芽生えしむることを狙う指導言」[8]（予審判事の論告）となる。

弁護士・高田富與はこの事件について、先の『なぎさのあしあと』で、「奇怪と言うも愚かなりと言わざるを得ない」「知性が曇らされた時代の所産と言い得る」[9]事件だったと回顧している。

北海道綴方教育連盟事件が起きた直後の一九四一年四月から、小学校は国民学校令により「国民学校」となる。「皇国ノ道ニ則リ（略）国民ノ基礎的錬成ヲ為ス」（国民学校令第一条）ことを目的に、戦時体制への即応と皇国民の育成が目指されたのである。「批判的精神」が発揮される余地は全くなくなっていた。そしてその八カ月後、わが国は太平洋戦争に突入する（一九四一年十二月八日）。

■『銃口』(三浦綾子)

この北海道綴方教育連盟事件を題材にした小説が、三浦綾子の長篇小説『銃口』[10]である。戦争の道具としての「銃口」が、国家権力によって、敵国だけではなく自国の人々にも向けられていた歴史を描いている。

北海道旭川の質屋の長男として生まれた主人公・北森竜太は「良心の尊さ」「人間の平等」を教えてくれた恩師に憧れ、教師の道を目指して師範学校に入学、そして希望と情熱に燃えて教師となる。しかし竜太は、幼なじみだった恋人の教師に誘われて札幌で開催された綴方講習会に一度参加したことを理由に、一九四一年、治安維持法違反で特高警察に逮捕される。そして、警察署の取調室で逮捕・拷問を受けた恩師と対面し、恩師の釈放と引き換えに退職願に署名して教師の職を失う。その竜太に召集令状が来る。青年教師の夢や希望を砕き、生涯に大きな傷跡を残しながら、物語は、時代の渦に巻き込まれながらも人間らしく生きようとする青年・竜太を描いている。

その三浦綾子が書いた小説『母』[11]は、小林多喜二の母セキを主人公に、母子の波瀾万丈に満ちた生涯を描いている。セキは明治初頭、十五歳で結婚し、小樽の若竹町に一戸を構え小さなパン屋を営みながら六人の子を育てた。その次男が、プロレタリア作家・多喜二である。『蟹工船』『不在地主』などの作品を著した多喜二は一九三三年、築地署に治安維持法違反で連行され、拷問によって死亡する。一人の小説家が、当時の天皇制国家の非道を描いたがために、逮捕・拷問、そして虐殺へと直結したのだ。

「ほれっ！　多喜二！　もう一度立って見せねか！」（二六六ページ）。屍となった息子に向かって母は叫ぶ。「わだしは小説を書くことが、あんなにおっかないことだとは、思ってもみなかった。（略）まさか小説書いて殺されるなんて…あの多喜二が殺されるなんて……」（七七ページ）。「そったらおっかないことなら、わだしも多喜二に、小説など書くなと、両手ばついて頼んだと思う」（七七ページ）

治安維持法下では、「小説を書くことが、おっかないこと」になっていた。言論・思想は厳しい統制下に入っていた。国体の変革、私有財産制度の否認にとどまらず、自由主義的言論にいたるまで、国民の思想・表現は監視され、統制下にあった。一プロレタリア作家の逮捕・拷問から始まり、綴方を指導した無名の小学校教師の逮捕にいたるまで、実に多くの国民が治安維持法によって逮捕された。自由な言論活動は命脈を絶たれたのである。

「特高」が父の書斎に上りこみ蔵書括《くく》るを幼な日に見し

（高槻市）荒川小枝子　「毎日歌壇」二〇一四年一月二十七日[12]

多喜二が拷問死したこの年（一九三三年）、ドイツではアドルフ・ヒトラーが政権を獲得し、一党独裁政治が始まる。本書第8章で紹介するナチスによる「焚書」もこの年に始まった。日本はその四年後（一九三七年）、そのドイツ、イタリアと日独伊三国防共協定を締結、アメリカ、イギリスなどとの対立を深めていく。その年（一九三七年）、国民を戦時体制に協力させるため、国民精神総動員運動を始め、次いで一九三八年には国家総動員法を制定する。四一年十二月八日（太平洋戦争開戦）は、もう目前だった。

こうしたなかで、「批判的精神に乏しく、権威に盲従」する（せざるをえない）国民が生まれることになった。そして、それは結果として、権力をもった人の考えが現実政治のなかで貫徹されることを可能にした。長い戦争は、こうした権力者の「準備」と「実践」のもとでおこなわれた。『新教育指針』の文言をこうした歴史的文脈を背景に読み解くなら、戦後教育は、こうした歴史を直視することから始めなければならない。そうした反省のもとに日本国憲法が公布され（一九四六年十一月三日）、半年の期間を経て翌年五月三日に施行された。

　ここに主権が国民に存することを宣言し、この憲法を確定する（前文）
　国民は、すべての基本的人権の享有を妨げられない（第一一条）
　政府の行為によって再び戦争の惨禍が起ることのないようにすることを決意（前文）

この新しい憲法は、欧米諸国が十七世紀から十八世紀の市民革命のなかで獲得した様々な人権を「人類の多年にわたる自由獲得の努力の成果」（第九七条）と位置づけるとともに、「人類普遍の原理」（前文）としての民主主義原理を政治の根底におくことを明らかにした。また、この憲法が謳う平和主義の原則は、核戦争の危険性を抱えた二十世紀中葉以降の国際社会で、平和と安全の樹立にとっての指導原理ともいうべき大原則である。

さらに、憲法の施行に合わせ、新しい日本の教育の将来像を示した教育基本法が成立した（一九四七年三月三十一日）。憲法に示された理想の実現は「根本において教育の力にまつべきものである」（同法前文）。その重みを背負っての成立だった。

われらは、個人の尊厳を重んじ、真理と平和を希求する人間の育成を期する（前文）

教育は、人格の完成をめざし、平和的な国家及び社会の形成者として（第一条）

戦後教育の指針を示した『新教育指針』（一九四六年五月）が出されて一年もたたないころのことである。

3 「批判的精神に乏しく権威に盲従」——国定教科書による思想統制

■「皇国民」「銃後の民」の思想統制の手段——「国定教科書」

国家や権力に対する批判的な行動や言論が統制の対象となり、そうした統制を法（治安維持法など）の担保をもって長年にわたって続けるなかで、批判的精神が社会から喪失していった。

目隠しされ耳ふさがれておとなしく何も言わない羊たちの群れ

（横浜市）禿正美「朝日歌壇」二〇一四年一月六日

しかし同時に、そうした「批判的精神に乏しい」子どもを育てた要因には、国定教科書に代表される画一的価値観の注入による受動的な教授・学習方法がある。

国定教科書とは、「国あるいは国の定める機関が著作・発行し、各学校での使用が義務づけられる教科書」（『広辞苑』岩波書店、二〇〇八年）である。わが国では一九〇三年（明治三十六年）、小学校教科書の国定制度が定められ（小学校令改正、翌一九〇四年から開始）、終戦の四五年まで続いた。この国定教科書の時代は、発行（改訂）の時期によって五期に分けることができる。(13)

そのなかでも特に国定教科書が「威力」を発揮するのは、第四期、第五期である。第四期の教科書（一九三三―四〇年）は、満州事変の勃発（一九三一年）によってファシズムの嵐が吹きすさぶなか、教育もまた超国家主義、軍国主義の時代に巻き込まれていった時期に出された。『小学国語読本』巻一は「サイタ　サイタ　サクラ　ガ　サイタ」という文で始まるため「サクラ読本」と呼ばれているが、多くの軍事教材、神話、古典教材などが掲載されている。そのため、この期の教科書は「臣民の道を強化し、軍国における忠君愛国の精神の鼓吹を教育目的として」いて、「大正期のデモクラティックな要素を伸長させる役割を放棄して、かえって相反する超国家主義教育を強要し、侵略戦争への国民の精神的な準備をなす[14]」ものと評された。

さらに第五期の教科書（一九四一―四五年）は、国民学校令が出され（一九四一年）、一層の決戦体制下での教育が求められた時期に出された。教育は国民精神の作興と戦力増強のための皇国民の育成に向けられ、軍国主義一色に塗りつぶされた。従来の国語、修身、地理、国史の四教科は統合され「国民科」となった。その国民科のなかの国語教科書（『ヨミカタ一』）は、「アカイ　アカイ　アサヒ　アサヒ」から始まるため「アサヒ読本」と呼ばれる。その内容は「国語教材の実に七六・四％が超国家主義の意図実現の教材として用意されているのである。特に五、六学年においては、約九五％の多きに達して[15]」いると評された。

この第五期の中心教科は「国民科」である。その国民科の目的について、教師用指導書『初等科国語七　教師用[16]』は、特に「国体の精華を明らかにし、国民精神を涵養し、皇国の使命を自覚せしめる」ことにあると解説している。この「国民精神」とは、「皇国の道に基づいて発揮せられる。しかもそれは、無窮に生々発展する皇国の相を体現して、あらゆるものを包摂する博大な精神」となっている。他方、美濃部達吉の天皇機関説を批判した憲法学者・上杉愼吉の著書『憲法読本』には、その「国体」について、国体は「国家存立の基礎たる組織」であり、「天壌と共に窮り無く」「国家の生命であって、国体変ずることあれば、国家もまた死滅する[17]」と解説されている。教師用指導書と憲法解釈とが一体となっている。「皇国民」は、国家を総動員して育成されていったのである。

■儀式と一体化した国定教科書

札幌市内のある小学校の百年史[18]には、この第五期国定教科書時代の学校活動が載っている。国民学校令が公布された一九四一年四月一日の学校日誌には、「愈々今日から国民学校、国民の基礎的錬成、我等の責務益々重大。いざ進まん教育報国の一年に燃えて」と記されている。また、この年に関する記述には、「神社参拝、勤労奉仕、防空演習など、ますます戦時色豊かな教育が行われるようになった」「学校も家庭も、戦争に勝つことだけを目あてにくらしていた」「銃後の守りを固めるためには、健康な身体をというわけで、身体をきたえる諸行事が多くなってきた」といったものがある。

別の小学校百年史にも同様の記述がある。[19]儀式には「四方拝、紀元節、天長節、明治節、靖国神社例（臨時）大祭、教育勅語発布記念式、大詔奉戴日の記念式、陸軍記念日、海軍記念日」などが列挙されている。また「戦局が急迫をつげるに従って、国民学校初等科においても、学習活動に変化が出てきた。（略）戦意高揚、体錬訓練、敬神崇祖、困苦欠乏に耐える精神的な面が重要視された」と記されている。さらに、こうした傾向がうかがえるものに戦意高揚のための映画学習があり、上映された映画の題名が記されている。『マレー沖海戦』『空の神兵』『大陸新戦場』『マー坊の落下傘部隊』『富士に誓ふ』『海軍』がそれである。

こうした記述を読むと、戦時色が強くなるにつれて、儀式、行事などが頻繁におこなわれるようになったことがわかる。これらの儀式、行事は教科と一体化されて、体力、思想、感情、意志などの「錬成」に総動員されたのである。その際国定教科書はそうした錬成を支える重要な「道具」となった。そして、この教科書は「小国民」の育成を通じて、その保護者や地域住民にも影響を与えた。その意味で、国定教科書は「皇国民」「銃後の民」の教科書、すなわち、すべての国民の思想統制の手段でもあったのである。

4 「生徒が自ら考え自ら判断」――教育観の転換と学校図書館

■「画一型教育」からの脱却

それだけに、戦後教育ではこうした体制からの脱却が求められた。先に紹介した『新教育指針』には、人権保障の重要性の指摘とともに、次のような記述がある。

> 教育においても、教師が教えるところに生徒が無批判的に従うのではなく、生徒が自ら考え自ら判断し、自由な意思をもって自ら真実と信ずる道を進むようにしつけることが大切である。(20)

国定教科書のもとでは、一教科に対して全国共通の一教科書が使用され、その教科書は唯一絶対性をもち、その教科書を通じて知識・価値観の注入がおこなわれた。その結果、「無批判的」な子どもが育成されたのである。それだけに、「自ら考え自ら判断し、自由な意思」をもった子どもを育てるには、国定教科書との決別は必然であり、教科書を中心とした画一的で一斉型の教育方法、学習方法の転換が求められた。

敗戦後、日本を占領したのはアメリカを中心とする連合国であり、そのアメリカから日本の教育事情を視察するための使節団が派遣された（一九四六年）。その報告書として「米国教育使節団報告書」（一九四六年）が出された。個性尊重と自発性の原理に基づく教育思想を提案したこの報告書には、次のような指摘がある。

学校の仕事があらかじめ規定された教科課程や、各教科についてただ一つだけ認められた教科書に限定されていたのでは、遂げられることはできない。民主主義における教育の成功は、画一性や標準化によって測られることはできないのである。(21)

こうした考えは、わが国の教育行政でも積極的に主張された。例えば一九五〇年に文部省が出した「日本における教育改革の進展」にも次のような記述がある。

戦前の小学校の教授法は一言で言えば、文部省著作の教師用書に忠実に従い、全国画一的な、もっぱら教師が教え授けることを中心にした、動きの少ない教授法であり、児童は、ただそれについて行き、うのみにする傾向が強かった。[22]

■学校図書館法の成立――「学校教育に欠くことができない」

そうしたとき、新しい教育は当然、こうした教育を可能とする方法や場所でおこなわれなければならない。そこでは、子どもの自主性、創造性（想像性）、個性を十分に発揮しうるような学習設備や施設、あるいは質的にも量的にも豊かな情報や各種の媒体、さらには多彩な学習形態などの諸条件を駆使することが必定となる。多様な学習情報や媒体の基地として、あるいは個別的・自主的学習形態を可能とする学習空間として、そこに学校図書館の存在がクローズアップされてくる。学校図書館は、そうした教育観の転換、指導方法の転換と対をなすものとして誕生した。

先に引用した文部省「日本における教育改革の進展」には、学校図書館をカリキュラムの中心機関とする、次のような考えが述べられている。

教科書中心の古い学校教育の中では、学校図書館は、単に課外読み物の提供場所にすぎなかったが、より広範な図書資料の活用を必要とする新しい教育にあっては、学校図書館こそは、カリキュラムを豊かにする中心機関である。[23]

学校図書館への期待を高めていくうえで、既述した『学校図書館の手引』は大きな影響を与えた。この手引書刊行の翌年（一九四九年）にはその伝達講習を兼ねて、千葉県と奈良県の二カ所で文部省主催による学校図書館講習協議会が開催された。小・中・高等学校の教員だけでなく、県立図書館長、教育委員会なども集まったこの伝達講習会の参加者たちが、その後、地元の学校図書館の講習会の講師を務め、学校図書館運動の中核として活躍することになる。『学校図書館の手引』は、学校図書館への期待を東京から全国各地へと広げていく、文字どおりの「手引」となった。

さらに、この伝達講習会を契機に、各県で学校図書館協議会の組織化が活発化した。一九四七年に函館市学校図書館研究会が創立されたのをはじめとし、五〇年には学校図書館の全国組織として、二十七都道府県が参加して全国学校図書館協議会が結成された。

この全国学校図書館協議会が最初に取り組んだ最大の課題が、学校図書館法の制定だった。学校図書館費用の公費負担、専任司書教諭と専任職員の配置、司書教諭制度の法制化などを内容とした請願署名運動を展開し、その熱意によって、九十二万五千人の署名を獲得した。そうした期待を背景に、学校図書館法は超党派の議員立法として上程され、一九五三年に成立した。同法第一条で学校図書館は、「学校教育において欠くことのできない基礎的な設備」と位置づけられた。

また、学校図書館法が衆議院に提案されたときの提案理由（補足説明）に、次のような一節がある。

今日、学校教育におきましては、先ず第一に、教育の指導理念が、児童生徒の個性を重んじ、その自発的学習の啓発育成にあることは申すまでもありません。この指導理念に従いますれば、また、指導方法におきましても、従来の画一的詰込式教授法によらずして、児童生徒の自発的学習形態が採られなければならぬことは当然なことであります。このような指導理念や指導方法にこたえて、児童生徒の自発的学習に必要な図書及びその他の資料を収集し、整備し、提供する設備たる学校図書館の設置は、当然必要不可欠なものと思料せられるのであります。換言すれば、学校図書館の設備なくしては、新教育の十分なる効果が期待し得ないとも、申されるのであります。(24)

その学校図書館を利用して、子どもたちは個性を伸ばし、疑問を解決し、興味を深め、さらには自立的学習方法を学んでいくことになる。『新教育指針』で指摘された、「生徒が自ら考え自ら判断」できるようになるためには、情報へのアクセスが不可欠である。学校図書館はそうした情報へのアクセスを可能にし、自らを学びの主体に転換できる学習環境として登場することになった。既述した『学校図書館の手引』には、新教育での学校図書館の意義が九点述べられているが、その六番目に次のような注目すべき意義が述べられている。

学校図書館の蔵書は、生徒の持つ問題に対していろいろの考えや答を提供する。――かりに、教室の学習において、教師から一つの問題に対してただ一つの解決しか与えられないとするならば、生徒は自分自身でものごとを考えることを学ばないであろう。生徒たちにとってたいせつなことは、問題を理解するに役立つ材料を学校図書館で見いだし、これを最も有効に使い、自分で解決を考え出して行くことである。このようにして、かれらは、批判的にものを解決する態度を養うであろう。[25]

「批判的精神に乏しく、権威に盲従しやすい」と指摘された状況は、情報の自由な流れが切断されるなかで生じたことである。その切断の原因は、言論弾圧の治安立法である。言論が封殺されると、その言論は社会的流通を遮断され、国民の情報へのアクセスを不可能にする。また国定教科書は、「教室の学習において、教師から一つの問題に対してただ一つの解決」だけを与えた教材であった。その教材が国民の思考を「停止」させることになった。すなわち、多様な情報へのアクセスを排除し、一定の価値観の情報だけを詰め込むことになったのである。

戦後教育の所産としての学校図書館は、そうした教育の質的転換を求めて誕生したのである。[26]

5 学校図書館への期待

■学校図書館への期待――「学校図書館の果たす役割は大きい」

子どもの個性を伸ばし、自立的な学習能力を養うには、画一的な教材、単一の教授方法からは生まれようがない。そうした考えに立つと、教科書の画一性を補うとともに、子どもの個性に対応した学習を支える学習材の必要性が浮上してくる。それも学習の各段階、子どもの発達段階に対応した学習材である。また、自立的・個別的学習を展開するためには、情報に対する主体的な態度や情報を自由に獲得・分析・加工・表現できる力（情報活用能力）を育成することが必要になってくる。ここに、こうした学習材が日常的に収集・整理・保存されている場、情報活用能力を育成する場としての、学校図書館の存在がクローズアップされてくる。その意味で、今日の教育改革は充実した学校図書館の存在なくして不可能なのである。

こうした認識と歩調を合わせる形で、一九九〇年代（特に一九九三年以降）に入ってから、学校図書館への新たな期待が急速に高まってきた。九三年八月二十五日、衆議院本会議で細川護熙首相（当時）は、ある議員の質問に次のように答えた。

学校図書館は、子供たちの知的な活動を促し、人格の形成や情操を養う上で重要な役割を担っている（略）、特に、情報化が進んでいる中で、子供たちがみずから情報を活用し学習を進めていく力を育てる上でも、（学校）図書館の果たす役割は、大きなものがございます。(27)

また文部省（当時）は一九九三年、学校図書館を充実するための方策として「学校図書館図書整備五カ年計画」を出した。その内容は、①公立義務教育諸学校の学校図書館の蔵書を、九三年（平成五年）度から五年間で約一・五倍程度に増やすこと、また学校規模ごとの整備目標として、「学校図書館図書標準」を設定し、この水準まで図書の整備を図ることとする、②増加冊数分の図書を購入する経費として、五年間で総額約五百億円を地方交付税として措置すること、[28] である。

■「学校図書館法」の改正（一九九七年）

こうした行政府の動きと前後して、一九九三年末には、超党派の国会議員によって「子どもと本の議員連盟」が誕生した。学校図書館法の改正と「子どもの本の館」（仮称）の設立を目指したこの議員連盟は、立法府で学校図書館の整備充実を支援する組織となり、「国際子ども図書館」（二〇〇〇年五月、東京・上野）設立の大きな力となった。また九六年には、学校図書館、図書館、読書、出版・流通、新聞など学校図書館や出版文化にかかわる三十余の団体が参加し、学校図書館の整備充実と振興を図ることを目的に、「学校図書館整備推進会議」が発足した。

こうした立法府、行政府、民間の動きが連動するなかで、一九九九年八月、国会で二〇〇〇年を「子ども読書年」とする決議が可決・採択された（衆議院・参議院とも全会一致）。その衆議院決議のなかに、次の一節がある。

本とふれあうことによって、子どもたちは、言葉をまなび感性を磨き、表現力を高め、創造力を豊かなものにし、人生をより深く生き抜く力を身につけることができる。

読書がもつ「計り知れない価値」に思いをいたしたこの決議は、とどまることを知らない子どもの読書離れに対するわが国の議会の対応策でもあった。

学校図書館に対する期待のなかで一九九七年六月、学校図書館法が「人」の問題とかかわり四十四年ぶりに改正された。改正の主要点は、司書教諭の配置に関する猶予規定を原則的に撤廃したことである。そもそも、学校図書館法は学校に司書教諭を置くことを規定しているが（第五条）、同時に附則第二項で「当分の間」はその配置を猶予するという規定もおいていた（「配置猶予規定」）。そのため、長きにわたって「人」（司書教諭）がいない学校図書館が全国に生まれることになった。この配置猶予規定が、今回の法改正により原則的に撤廃されたのである。すなわち、司書教諭の配置猶予を、政令で定める小規模校（十一学級以下の学校）を除いて、二〇〇三年三月三十一日までとした。「当分の間」に期間の限定がつき、同年四月一日以降は司書教諭が配置されることになったのである。

■「文字・活字文化振興法」の成立（二〇〇五年）

さらに、二〇〇〇年五月、国会に超党派の議員による「子どもの未来を考える議員連盟」が発足、二〇〇一年末にはこの議員連盟が議員立法で提出した「子どもの読書活動の推進に関する法律」が成立した。

また、二〇〇三年に発足した「活字文化議員連盟」の活動によって、「文字・活字文化振興法」が成立した（二〇〇五年）。この法律は、文字・活字文化の振興と学校図書館との関連についても規定している。①学校教育では、教育の課程の全体を通じて、「言語力」（読む力と書く力ならびにこれらの力を基礎とする言語に関する能力）の涵養に配慮すること（第三条）、②そのために、司書教諭、学校図書館に関する業務を担当するそのほかの職員の充実などの人的体制を整備し、学校図書館資料の充実を図ること（第八条）、などの規定がそれである。

二〇〇七年には民間に、図書館、出版、新聞などのマスコミなど多くの団体が加盟する「文字・活字文化推進機構」が設立された。「創造的な国づくり――言語力で日本の未来を拓く」をテーマにしたこの機構は、活動のなかに、①朝の読書、読み聞かせ、調べ学習など学校図書館を活用した教育活動の支援、②新学校図書館図書整備五カ年計画の完全実施と司書教諭の専任化、学校司書の配置促進、③教育課程への「読書の時間」「新聞閲読の時間」の導入、④すべての教員養成課程での「読書・新聞閲読科」（仮称）の創設を盛り込んでいる。そして、この機構が推進力となって、一〇年を「国民読書年」とする決議（「国民読書年決議」）が衆・参両院で採択された（二〇〇八年）。

さらに、二〇一一年六月には「学校図書館活性化協議会」が設立された。学校図書館の機能強化を目指して、既存の組織（子どもの未来を考える議員連盟、文字・活字文化推進機構、学校図書館整備推進会議）の協同によって設立された。この協議会は、①子どもの読書活動と読書教育の促進、②学校図書館の活用教育に必要とされる多様な図書・教材の拡充、③司書教諭や学校司書などの人材の十分な配置、などの政策提言をおこなっている。

二〇一〇年を挟んで文科省に設置された二つの委員会からも、読書・学校図書館に関する「報告」が出ている。一つは、〇九年の「子どもの読書サポーターズ会議」報告書（「これからの学校図書館の活用の在り方等について」）である。「学校図書館」に特化したこの報告書は、学校図書館に今後求められる方向性として、①学校図書館が中心となり、学校での読書活動を多様に展開する、②

家庭や地域での読書活動推進の核として、学校図書館を活用する、③「学び方を学ぶ場」としての学校図書館の整備を進める、④学校図書館の教員サポート機能を充実させる、などの視点を提起している。

もう一つは、二〇一一年の「国民の読書推進に関する協力者会議報告書」(「人の、地域の、日本の未来を育てる読書環境の実現のために」)である。報告書では、①「言葉」や「言語活動」が重視される一方、司書教諭や学校司書の配置、学校図書館図書標準の達成には課題が残ること、②今後の方策として、司書や司書教諭、学校司書などの読書に関する専門的職員を充実すること、③教員養成では、読書に関する指導力向上、図書館活用教育の向上を図るため「読書教育」「図書館活用教育」「リテラシー教育」などの導入を検討すること、などが提言されている。

そして二〇一三年には「学校図書館担当職員の役割及びその資質の向上に関する調査研究協力者会議」が設置され、学校司書の配置を視野に、その役割・職務、質の確保を図るための方策などについて議論が交わされ、二〇一四年三月には、報告(「これからの学校図書館担当職員に求められる役割・職務及びその資質能力の向上方策等について」)が出された。[29] そこでは、学校図書館担当職員(いわゆる学校司書)は、概要、

図書館資料の管理、館内閲覧、館外貸出などの児童生徒や教員に対する「間接的支援」や「直接的支援」に加え、各教科等の指導に関する支援など「教育指導への支援」に関する職務を担っていくことが求められる。

こうした役割・職務を担っていくためには、学校図書館の「管理・運営」と児童生徒に対する「教育」との両面にわたる知識・技能を習得することが求められる。ことが提言された。

6 教育改革の「視座」としての学校図書館

■「学び方」を学ぶ学校図書館

「生きる力」——自ら考える力

学校図書館は、質的に多様で豊富な情報を子どもたちに提供することを通して、子どもの学びを支え、豊かな心を育む教育環境として、その役割を果たしてきた。

その学校図書館は、時代が求める教育課題とも深く結び付いている。二〇〇八年の中央教育審議会答申は、一九九六年の答申を引き継いで「生きる力」という理念の共有を第一に掲げている。九六年答申によると、この「生きる力」とは、①変化の激しい社会で、いかなる場面でも他人と協調しながら自律的に社会生活を送っていくために必要となる人間としての実践的な力、②過去の知識を記憶しているということではなく、初めて遭遇するような場面でも、自分で課題を見つけ、自ら考え、自ら問題を解決していく資質や能力、③情報化の進展にともなってますます必要になる、あふれる情報のなかから、自分に本当に必要な情報を選択し、主体的に自らの考えを築き上げていく力、と意義づけられている。

「生きる力」のなかに含まれている「自律的に社会生活を送る」「自分で課題を見つけ、自ら考え、自ら問題を解決していく」「自分に本当に必要な情報を選択し、主体的に自らの考えを築き上げていく」という主要な要素には、自らが学びの主体であるという自覚のもとに、子ども自らが知識や情報を獲得し、自らが考え、問題を解決していくという過程が内在化している。

「学習過程の民主主義」――「ではしらべてみよう」

教育という営みは、人類が生み出した知的文化財を子どもの発達段階に応じて適切に選択し、それを伝達しながら新たな価値を創造する営為である。そのため、当然のことながら、膨大な知的文化財のなかから「何」を伝達するか（教育内容）が、教育での主要な関心事となる。いつの教育改革論議でも登場する「基礎・基本」は、伝達すべき教育内容をどこに設定するかに関する論議であり、それは一国の国民の基本的素養をどこにおくのか、また一国の科学や文化のありようをどのように認識するのかにもかかわる、極めて重要な事柄でもある。

しかし、今日の教育で同時に問われているのは、「何」を伝達するかにとどまらず、選択した知的文化財をどのように伝達し新たな文化を創造するか、いわば知的文化財の伝達と新たな文化創造の「方法」のありようである。それは当然、一斉画一型の授業形態とセットになった教育（教授）

方法の変革を迫ることになる。

いまから約三十年前（一九八五年）、全国学校図書館協議会提言委員会が出した『学ぶものの立場にたつ教育を』のなかに、次のような指摘がある。

いい内容を教えることが大切だという「学習内容の民主主義」は強調されても、何が真実かを学び手自身に追究させ、発見させることを大切にしようとする「学習方法の民主主義」が、学校教育にはなおほとんど根を下ろしていない(30)。

とりわけ今日、子どもが伝達される知的文化財と子どもの社会認識、生活認識との間には、著しい落差が生じている。伝達される文化財は科学の成果としての体系化ではあっても、それは一片の知識になりやすく、「生きる力」を育む糧にはなりにくい要素を含んでいる。先の中央教育審議会第二次答申（一九九七年）でも、子どもたちは生活体験や自然体験、さらには社会体験などの過程を経て、「机上で学んだ知識を生きたものとし、自ら学び、自ら考える力などの「生きる力」を身に付け、豊かな個性をはぐくんでいく」と述べている。

したがって、今日の教育に求められているのは、「基礎・基本」をベースにしながらも、既存の学習形態と学習課題に対する認識を再検討することである。例えば、

①学習の課題が、この自然や社会とどのような結び付きをもっているか

②教材（知的文化財）の選択が、子どもの疑問や興味と接点をもっているか

③課題を自らの方法で解決し得る力を子どもたちに育てているか
④情報を検索し、それを加工・分析しながら課題の解決に迫る学習過程が大切にされているか
⑤課題の解決方法は単一の方法ではなく、多様性に富んだものであるか

などが問われることになる。いわば、「問い」と「答え」との間は常に単一の線で結ばれているのではなく、様々な回路から成り立っていることを理解することである。これは子どもたちが巣立っていく社会と同じであり、子ども一人ひとりの人生そのものでもある。教授者の支援を得ながら、その多様な回路を自ら発見していくことが重要なのであり、それを日々の学習を通じて理解していくことが大切なのである。

こうした過程は、知識や情報を獲得する力の習得と不可分である。どんな学びでも、その過程では必ず疑問（「なぜ」）が生じてくる。その「なぜ」をそのままにしておくか、それを調べて解決するかでは、その後の学びに大きな違いが生じてくる。

わたしたちにとって便利な「わたしにはわからない」でそれをまぬがれたとしても、それにたいするわたしのことばは同じだ。「ではしらべてみよう。」

この言葉は、フランスの啓蒙思想家ジャン＝ジャック・ルソー（一七一二―七八）の『エミール』[31]の一節である。「なぜ」が生まれたら、「ではしらべてみよう」というその営みが、知識の習得に終始しがちな学習を主体的な学習へと導いていくのである。そのとき、学校図書館はこの主体的

な学習の大きな支えとなるのである。

■「言語活動の充実」と学校図書館

新学習指導要領で新たに登場した「言語活動の充実」は、こうした知識と探究とを橋渡ししながら、子どもを学びの主体へと転換させる意義を内包している。

この新学習指導要領には、各教科ごとに記された「指導計画の作成と内容の取扱い」のなかで、次のような「配慮」事項が述べられている（小学校）。

学校図書館の利用に際しては、本の題名や種類などに注目したり、索引を利用して検索をしたりするなどにより、必要な本や資料を選ぶことができるように指導すること。（国語）

学校図書館や公共図書館、コンピュータなどを活用して、資料の収集・活用・整理などを行うようにすること。（社会）

先人の伝記、自然、伝統と文化、スポーツなどを題材とし、児童が感動を覚えるような魅力的な教材の開発や活用を通して、児童の発達の段階や特性等を考慮した創意工夫ある指導を行うこと。（道徳）

学校図書館の活用、他の学校との連携、公民館、図書館、博物館等（略）、との連携、地域の教材や学習環境の積極的な活用などの工夫を行うこと。（総合的な学習の時間）

こうした「配慮」をみても、「言語活動の充実」は、国語科といった特定の教科だけが担うべきではなく、それ以外の教科や総合的な学習の時間、特別教育活動など、「教育の課程の全体」を通じて（文字・活字文化振興法第三条）実現されるべきものであることがわかる。すなわち新学習指導要領は、「言語活動の充実」を内実化するために、教科書以外の様々な資料（文献）を読んだり、多様な媒体から情報を入手したりして、それらを比較・分析・解釈したり説明するといった学びの過程を提示している。これは知識の一方的受容とは異なる学習過程であり、こうした学びを通して「生きる力」の育成を図ることが今日の教育に求められている。

それはとりもなおさず、学校図書館機能の発揮を必然化する。先の中央教育審議会答申（二〇〇八年）では、言語活動をおこなう際の留意点として、①言語能力を育むにあたっては、読書活動の推進が不可欠である、②学校図書館の活用や学校での言語環境の整備が重要である、特に、辞書・新聞の活用や図書館利用などについて指導し、子どもたちがこれらを通じて情報を得、思考を深めることが重要である、と述べている。

図書館利用に内在化した自由性・探究性・個別性・創造性（想像性）という特性、その特性に裏づけられた学校図書館機能の発揮は、そうした学びを保障するものである。学校図書館が「学校教育において欠くことのできない」（学校図書館法第一条）ものとして存在している大きな理由でもある。

今日、教育は様々な困難を抱えながらも、子どもの未来に向けて大きな期待がかけられている。自立的・創造的で、批判的精神が豊かな子どもを育てたい——多くの親が、そして社会がそう考えている。そうした期待に教育が応えていくためには、学校図書館が有している「可能性」を現実の教育的営為のなかで生かす必要がある。学校図書館は、新たな教育を構築する際の大きな「視座」を与えてくれると思う。

注

(1)「まえがき」、文部省編『学校図書館の手引』所収、師範学校教科書、一九四八年

(2) 文部省「新教育指針」、寺崎昌男編『日本現代教育基本文献叢書』(「戦後教育改革構想」第一期第二) 所収、日本図書センター、二〇〇〇年、六—七ページ

(3)「五日市憲法草案」は、歴史学者・色川大吉によって東京都西多摩郡五日市町の深沢家土蔵から発見された(一九六八年)。これらの憲法起草者や村の指導者は「いずれも一家を構えた農民であり、商人であり、小学教員であり、民衆の生活と深く結びついていた「平民」である」という。色川は、この憲法草案は「まさに五日市地方の〈民権コンミューン〉のなかで生まれ、西多摩人民の声を代表したもの」と評している(色川大吉『明治の文化』〔日本歴史叢書〕、岩波書店、一九七〇年、四六—四七、一一七ページ)。

(4)『世界大百科事典』第十二巻(平凡社、二〇〇七年、一三〇ページ)には、一八七三年(明治六

年）から八七年（明治二十年）までに起草された私擬憲法が四十五列挙されている。
（5）前掲『明治の文化』二一〇ページ
（6）高田富與（一八九二―一九七六）は、一九四七年に初代民選札幌市長に当選、以後三期十二年を務めた。その後、衆議院議員を三期務めて政界を引退した。
（7）高田富與『なぎさのあしあと』柏葉書院、一九七〇年、一四七ページ
（8）鈴木朝英／小田切正監修『戦後北海道教育運動史論』あゆみ出版、一九八七年、三七―三八ページ
（9）前掲『なぎさのあしあと』一四九、一五三ページ。なお、この事件とほぼ同じ時期に起きた類似の事件として「生活図画事件」がある。一九四一年、旭川師範学校（現・北海道教育大学旭川校）と旭川中学校（現・旭川東高校）の教師、学生、卒業生ら計二十七人が治安維持法違反で検挙された事件である。高田は、この事件の被告となった一人の弁護を担当している。この事件について高田は、前掲『なぎさのあしあと』で、「どうしてこれが問題になるのか不思議に堪えなかった」と述べている。そして、忘れえないことの一例とし、被告人が描いた学校の戸外運動場の写生画に描かれている青空に浮かぶ二、三の白雲について、次のような問答（調書の記載）があったことを記している。

問「晴れ渡った青空に、どうしてわざわざ雲を描かなければならないのか。これは、わざわざ暗い世相を示すためのものでないのか」

答「暗い世相をあらわしたもので、まことに申訳ありません」（同書一五五―一五六ページ）

なお生活図画事件については、旭川師範学校時代に検挙・投獄された松本五郎が当時の経験を記した本を自費出版している（『証言――生活図画事件』、二〇一三年）。また北海道綴方教育連盟事件については、平澤是曠『弾圧――北海道綴方教育連盟事件』（〔道新選書〕、北海道新聞社、一九九〇年）に詳しい。

(10) 三浦綾子（一九二二―九九）。北海道旭川市生まれ、小学校の教員を七年勤めるが戦後（一九四六年）退職。一九六四年、朝日新聞社の懸賞小説に『氷点』が入選、「朝日新聞」に連載（一九六四年十二月九日―六五年十一月十四日）。代表作に『塩狩峠』『天北原野』『泥流地帯』などがある。『氷点』の舞台となった旭川市の見本林に三浦綾子記念文学館がある。なお『銃口』は、小学館の月刊誌「本の窓」（一九九〇―九三年）に連載され、九四年に小学館から単行本として出版された。

(11) 三浦綾子『母』角川書店、一九九二年

(12) 「特高」が部屋に上がり込み蔵書を調べる、当時そうしたことは、一般の学生にも及んでいた。私が大学時代に憲法を学んだ久田栄正は、久田栄正／水島朝穂『戦争とたたかう――一憲法学者のルソン島戦場体験』（日本評論社、一九八七年）のなかで、次のように述べている。久田栄正はこのとき、京都帝国大学法学部の学生で、一九三九年頃である。

「研究会が行われた翌日には、いつも特高警察が、吉田本町の私の下宿にやって来た。私が留守の時は、下宿のおばさんに断って、私の部屋に入り、本棚を調べていく」（同書三六ページ）

なおこの書は、二〇一三年に水島朝穂『戦争とたたかう――憲法学者・久田栄正のルソン戦体験』と題し、岩波現代文庫（岩波書店）の一冊として再び刊行されている。

(13)第一期(一九〇四―〇九年)、第二期(一九一〇―一七年)、第三期(一九一八―三二年)、第四期(一九三三―四〇年)、第五期(一九四一―四五年)である。
(14)唐澤富太郎『教科書の歴史――教科書と日本人の形成』創文社、一九五六年、四三三ページ
(15)同書五一五ページ
(16)文部省編『初等科国語七 教師用』文部省、一九四三年、七―八ページ
(17)上杉愼吉『憲法読本』日本評論社、一九三八年、三三ページ
(18)『創成百年 札幌の生いたちとともに』札幌市立創成小学校、一九七一年、一〇六―一〇七ページ
(19)「豊水百年」編集委員会編『豊水百年』豊水小学校開校百周年記念事業協賛会、一九八五年、一〇〇―一〇四ページ
(20)前掲「新教育指針」七ページ
(21)村井実全訳解説『アメリカ教育使節団報告書』(講談社学術文庫)、講談社、一九七九年、三〇―三一ページ
(22)文部省「日本における教育改革の進展」「文部時報」第八百八十号(臨時特集号)、帝国地方行政学会、一九五一年、八ページ
(23)同論文一五ページ
(24)全国学校図書館協議会編「学校図書館」第三百九十三号、全国学校図書館協議会、一九八三年、二五―二六ページ
(25)前掲『学校図書館の手引』四ページ
(26)しかし新教育は、一九五〇年代に入ると批判の対象となる。「読・書・算」に代表される基礎学力

の低下が指摘され始め、経験主義に依拠した教育だ、科学的・系統的知識の教育を軽視したなどと批判された。また加えて当時わが国は国際社会への復帰、自由主義陣営への参入、そして高度経済成長の入り口に立っていた。そうしたなかで、わが国の教育も経済成長とそれを支える科学技術教育の強化を目指した知識注入型教育へと転換し始めた。その過程で、新教育の精神は次第に影響力を失っていった。

(27)「第百二十七回国会衆議院会議録」第五号、「官報号外」、一九九三年八月二十五日、一三ページ

(28) この措置は数度の変遷を経て、現在は、二〇一二年度から開始された新たな「五カ年計画」によって、引き続き総額一千億円（単年度二百億円）が措置されている。その内訳は、増加冊数分約四百三十億円（単年度約八十六億円）、更新冊数分約五百七十億円（単年度約百十四億円）である。

(29)「これからの学校図書館担当職員に求められる役割・職務及びその資質能力の向上方策等について」（報告）(http://www.mext.go.jp/b_menu/shingi/chousa/shotou/099/index.htm)［二〇一四年四月三十日参照］

(30) 全国学校図書館協議会提言委員会編『学ぶものの立場にたつ教育を——二十一世紀を生きる教育教育改革への提言』全国学校図書館協議会、一九八五年、二〇ページ

(31) ルソー『エミール』上、今野一雄訳（岩波文庫）、岩波書店、一九六二年、三七一ページ

第4章　教育の多様性、そして学校図書館

1　教育の多様性――教科書との関連

■『ゲン』問題とかかわって

第3章では、『新教育指針』（一九四六年）での指摘を出発に、戦後教育の所産としての学校図書館の意義を述べ、さらにその学校図書館が今日の教育で果たしている大きな役割について論じた。『新教育指針』が分析した「批判的精神に乏しく権威に盲従しやすい」日本国民は、既述したように治安体制と国定教科書によって生み出されたものである。家永三郎『太平洋戦争』には、「戦争はどうして阻止できなかったか」というタイトルのもとで、「戦争に対する批判的否定的意識の形成抑止」として、二つの抑止政策が記されている。第一は「治安立法による表現の自由の抑圧」であり、第二は「公教育の権力統制による国民意識の画一化(1)」である。

戦前のこうした「批判的否定的意識の形成抑止」は、学校教育だけにとどまるものではなく、社会全体に広がっていた。特にこうした傾向は、昭和に入って軍国体制が進行するなかで共通して見られたものだった。一九三二年（昭和七年）には、「社会教育振興ニ関スル件」（文部次官通達）が出されている。この通達によって、図書館関係者をも含めた各教育・宗教関係者による「国民精神ノ作興ト国民生活ノ改善トヲ期スル」活動が展開されていった。「作興《さっこう》」とは、「ふるいおこすこと。盛んにすること」（前掲『広辞苑』第六版）である。すでに前年（一九三一年）に満州事変が勃発し本格的な日中戦争に入りつつあったこの時期に、文部次官が国民精神を「作興」することを期待した、その内容は言を俟たない。そして太平洋戦争突入の半年前には、社会教育も「国民ヲシテ教育ニ関スル勅語ノ聖旨ヲ奉戴シ其ノ実際生活ニ即シテ皇国ノ道ヲ修メ臣道実践ノ修錬ヲ行ハシムルヲ以テ本旨トナス」（「社会教育ニ関スル件答申」教育審議会、一九四一年）ことが求められた。これは、「国民学校令」（一九四一年）による、「皇国ノ道ニ則リテ、（略）国民ノ基礎的錬成ヲ為ス」（第一条）と対になっている。

そして図書館も「国民教化ノ機関」「国策浸透ノ機関」と位置づけられていった。[2] 近代日本の出版警察体制と図書館との関連を詳細に論じた大滝則忠の論文「図書館と読む自由」[3] には、図書館への介入・干渉の事例が極めて具体的に紹介されている。

『ゲン』問題が社会的な関心事となった理由の一つには、『ゲン』の提供制限がこうした「抑圧」「統制」と結び付きかねない懸念があったからのように思われる。それは広く、言論統制や公権力の教育への介入の懸念と重なっている。

「琉球新報」(二〇一三年八月二十二日付)は、「目隠しをして何になろう」と題し、「ある考え方が気に入らないからといって作品そのものを閉め出すのは、ナチスの焚書(ふんしょ)と同質の行為ではないか。これを許せば、軍部に恐れをなし、徐々に自由な言論が奪われた戦前の繰り返しとなりかねない」、そしてさらに「この国の表現の自由、知る権利は危険な水域に入ったのではないか。言論封殺の進行はぜひとも食い止めなければならない」と「社説」で論じた。また「閲覧制限の撤回は当然」との「社説」を掲げた「東奥日報」(二〇一三年九月十四日付)は、撤回は「憲法が保障する子供が学ぶ権利、そして表現の自由を守る観点から当然の措置」と述べた。両紙に共通する指摘は、『ゲン』問題は憲法が保障する基本的人権を侵害するのではないかという懸念である。

また、「閲覧制限は悲劇の実相に迫ろうとする子どもたちの目を覆うことになろう」(「高知新聞」二〇一三年八月二十二日付)、「戦争の実態を知り、平和の尊さを考えるための機会を奪う行為だ。「学習権」「知る権利」の侵害は明らかである」(「北海道新聞」二〇一三年八月二十五日付)、「作品の自由な閲覧を妨げるようでは、学ぶ機会を子どもから奪うことになりかねない」「表現の自由や知る権利の過度の規制から、豊かな発想や判断力は育たない」(「神戸新聞」二〇一三年八月二十一日付)との「社説」も掲載された。提供制限が、子どもの学ぶ権利、知る権利を奪うことになりかねないという指摘である。

『ゲン』問題に対するこうした指摘・懸念には、家永三郎が指摘した「表現の自由の抑圧」「公教育の権力統制」という懸念と通底している部分がある。

■学校図書館と教育の多様性――教科書との関連

学習指導要領「解説書」の改訂

学校図書館の蔵書の多様性は、学校教育の多様性（自由性）と深く結び付いている。学校教育が様々な規制や統制を受けて「窮屈」な状況になっていけば、当然、教育内容にも影響を及ぼし、それが学校図書館の蔵書構成にも影響を与えかねない。さらには、表現の自由のありようは学校図書館の蔵書構成と不可分の関係にある。表現行為への抑制は出版の多様性を損ない、ひいては図書館にとって収集すべき資料の領域の抑制につながる。

そうしたなかで昨今、この学校教育の自由性に対し懸念すべき状況が起きている。その第一は、学習指導要領「解説書」の改訂である。学習指導要領は教科書の基本をなすものだが、その「解説書」（中学社会科と高校の地理歴史、公民）が改訂され（二〇一四年一月二十八日）、二〇一四年度の教科書検定から適用されて、中学は一六年度、高校は一七年度から使用される教科書に反映される。「解説書」は、学習指導要領の内容を明確にするために文部科学省が作成する教員向けの冊子である。法的拘束力がない文科省の著作物だが、各出版社が教科書編集の参考にしている。今回の「解説書」の改訂では、竹島、尖閣諸島を「日本固有の領土」と教えるように求める内容になっている。学習指導要領の改訂はほぼ十年に一回で、その改訂には中央教育審議会の答申が必要だが、「解説書」は文部省の著作物であるため、省内で手続きを完結できる。実質的な学習指導要領改訂の前倒しである。この記事を報じた「毎日新聞」（二〇一四年一月二十八日付）の見出しは「政権の意向反映」、「共同通信」（二〇一四年一月二十八日付）の見出しも「異例の変更、政権意向」だった。

そして二〇一四年四月四日、文部科学省が二〇一五年度から使用される小学校教科書の検定結果を発表した。社会科では尖閣諸島と竹島について検定申請した全出版社が取り上げた。文科省が指導要領解説の改訂で「竹島・尖閣」の指導を明記したのは「中学校、高等学校」だったが、適用外の小学校向け教科書でも全社が取り上げた。「教科書会社　横並び「不採択恐れた」」（「朝日新聞」二〇一四年四月五日付）ためである。「各会社の自主的な判断によるものだが、政府の意向に沿ったもの」（「読売新聞」「社説」二〇一四年四月五日付）、「政権意向、沿う形に」（「日本経済新聞」二〇一四年四月五日付）、「領土記述　政権の意向　「国定教科書化」の懸念」（「北海道新聞」二〇一四年四月五日付）などと、各誌で報じられた。

教科書検定基準の改正

第二は、教科書検定基準の改正である。教科用図書検定調査審議会は、文部科学省が示した「教科書改革実行プラン」に基づく検定基準の改正案を了承した（二〇一三年十二月二十日）[4]。具体的には、基準の改正案で社会科（高校は地理・歴史と公民）について、①未確定の時事的事象は特定の事柄を強調しすぎない、②近現代史で通説的な見解がない数字などを記述する場合は、その旨を明示、③政府の統一的見解や最高裁判所の判例がある場合はそれに基づく記述、の三点が加わった。一部の委員から反対意見が出たが、修正はせず、会合二回で検討を終えた。

その一部の委員（上山和雄）は、（教育基本法の目標の一つである）「国を愛する」について、「愛するがゆえに、国のかつての施策を批判する場合もある。それを不合格にすれば大問題になる」「通説とは何か、通説はあるのか、といったことを誰が判断するのか」「政府の統一見解を書くように」というが、政権によって教科書の記述がころころ変わっていいのか」（「朝日新聞」二〇一三年十二月十二日付）と、多様性を狭める改正への危惧を述べている。

ＮＨＫの大河テレビ小説『八重の桜』（二〇一三年）の最終回（十二月十五日）では、主人公八重（新島八重）と「国民新聞」の創刊者徳富蘇峰との間で次のような会話が交わされている。

八重　徳富さんの国民新聞は、近頃は政府の機関紙のようですね。
蘇峰　国家のためです。私は国を愛する者です。
八重　襄〔新島襄：引用者注〕も愛国者でした。でも襄が愛した国というのは、そこに暮らす人間一人ひとりのことです。

何をもって「国を愛するか」は、人それぞれに異なる。「国（国家）」を愛するのも「愛国」なら、「そこに暮らす人間一人ひとり」を愛するのも「愛国」だ。

さらに、この会話は続く。

蘇峰　言論が人を動かす時代が来たのです。だから新聞も雑誌もこの手で作った。
八重　その力を何に使うのですか。人を動かすその大きな力を。力は、未来を切り拓くために使わねばなんねえよ。

この検定基準の改正について、「朝日新聞」（「社説」）は、「通説的な見解、愛国心。これらは、いわば目盛りのない物差しだ。目盛りがないから、使う者が好きなように判定できる。（略）主観的な物差しを検定の場に持ち込めば、（略）ときの政権の意向に教科書の中身がふりまわされる危険が高まる」（二〇一三年十二月三十日付）と論じた。検定の「基準」を定めたはずなのに、「目盛りのない物差し」（基準）であるため、それは「基準」になりえず、政権の意向を反映しやすいという指摘である。通説は定まり難く、政府見解も時の政権により大きく異なる。それを「目盛りのない物差し」で測ることが、教育現場に大きな萎縮や混乱をもたらすことは想像に難くない。

「国益」の連呼の時代はあぶないと戦前を知る祖父嘆きおり

（西条市）村上敏之　「朝日歌壇」二〇一四年三月三日

教科書選定

第三は、教科書選定についての「介入」である。国旗・国歌をめぐる記述を理由として、東京都と神奈川県の教育委員会は、二〇一三年度におこなわれた高校教科書の採択で、現場が選定したある教科書を選定しないよう指導（介入）した。『高校日本史A』『高校日本史B』（実教出版）がそれである。同教科書は、国旗・国歌法（一九九九年成立）と関連し、欄外注で「国旗・国歌法をめぐっては、日の丸・君が代がアジアに対する侵略戦争ではたした役割とともに、思想・良心の自由、とりわけ内心の自由をどう保障するかが議論となった。政府は、この法律によって国民に国旗掲揚、国歌斉唱などを強制するものではないことを国会審議で明らかにした。しかし、一部の自治体で公務員への強制の動きがある」と記してある。この記述のうち、「一部の自治体で公務員への強制の動きがある」という記述が問題となった。この記述が入学式や卒業式などでの国旗掲揚・国歌斉唱の指導に関する教育委員会の考え方と異なるものだ、という理由による。

たとえば東京都教育委員会は、こうした記述は、入学式や卒業式などで、国旗掲揚・国歌斉唱の指導を適正に実施することは「児童・生徒の模範となるべき教員の責務である」とする都教委の考えと異なるものだとして、同教科書の「使用は適切ではない」との見解を「委員総意の下、確認」し（「平成二十五年第十一回定例会」二〇一三年六月二十七日）、その旨を各高校に周知した。結果として同教科書を採択する学校は一校もなかった。(5) また神奈川県教育委員会は、同教科書を選定した学校（当初は二十八校）に対して選定の再考を促した。結果として同教科書を採択する学校は一校もなかった。

埼玉県では、同教科書を選定した学校は八校あったが、県議会で「再審査を求める決議」が可決された（二〇一三年十月十一日）。県議会は、県教育委員会が採択した教科書の採択に「瑕疵」があったとして、その再審査を求めたのである。その過程で、八校の校長に県文教委員会への出席も求めている。しかし、県教育委員会は臨時会を開き「採択を変えないこと」を確認した。ただし採択の際の条件に、国旗・国家に関するすべての教科書の記述を紹介する資料集を使用して生徒を指導することを付している。

当然にも、この二点の教科書は文科省の検定を経ている。文科省は、この教科書の「強制」の記述に関し、「権限のある者が職務命令をもって命ずるということを『強制』と表現することは誤りと言えない」と説明している(「産経新聞」二〇一二年三月二十八日付)。それにもかかわらず、両教育委員会は、その教科書の使用を認めず、「県(都)定教科書」の使用を強制(採択変更)したのである。国旗・国歌に対する公務員への「強制」だけではなく、特定教科書を使用することをも「強制」したのである。

教科書をめぐるこうした状況は、教科書編集者(出版社)を萎縮させ、検定する側も政権の意向をうかがう状況に陥りやすくなる。「不合格になると、会社は編集の費用を回収できないため、確実に合格できる内容を、と考えるようになる。「教科書づくりの現場は確実に萎縮する」」「何が通説か議論が分かれる記述や、異論のある数字は避ける。敬遠策です」(教科書会社の関係者)との動きはすでに始まっているという(「朝日新聞」二〇一四年三月二日付)。

王様は裸なんだと叫ぶことできない時代がやってくるんだ

(茅ヶ崎市)喜島成幸 「朝日歌壇」二〇一三年十二月十六日

またこうした状況は、出版(表現の自由)の萎縮にもつながりかねない。社会に流出する情報の内容は、学校図書館資料の収集にも影響を与える。「窮屈」になった教育現場では、その「窮屈」

に応じた蔵書構成になりやすいのである。

「多様性」を求めた「教育振興基本計画」

しかし、このような教育内容への「介入」は、「多様性を尊重しつつ新しい価値観を創造する」という政府の考えと齟齬をきたさないのだろうか。

政府は、二〇一三年六月十四日に「教育振興基本計画」[6]（閣議決定）を策定した。そのなかで、わが国教育の「四つの基本的方向性」を提示している。その一番目は、「社会を生き抜く力の養成～多様で変化の激しい社会での個人の自立と協働～」となっている。そして、グローバル化や情報化の進展など多様化が一層進む社会を生き抜くには、「与えられた情報を短期間に理解、再生、反復する力だけではなく、個人や社会の多様性を尊重しつつ、幅広い知識・教養と柔軟な思考力に基づいて新しい価値を創造したり、他者と協働したりする能力等が求められる」と分析している。さらに、「一律の正解が必ずしも見いだせない社会では、学習者自身が、生涯にわたり、自身に必要な知識や能力を認識し、身に付け、他者との関わり合いや実生活の中で応用し、実践できるような主体的・能動的な力が求められている」とも述べている。

こうした「計画」が実質化するためには、何よりも学校教育での多様性が認められることが前提だろう。学校教育で「一律」な教育内容を教えられた子どもが、「変化の激しい社会」「グローバル化」している社会のなかで、他者と「協働」関係を結ぶことは容易ではない。また、通説、愛国心、政府見解といった「目盛りのない物差し」を持ち出すことによって、「幅広い知識・教養と柔軟な思考力」「新しい価値観の創造」といった事柄が成り立つとも思えない。それは逆に、多様性を喪失することになりかねない。「基本計画」と実際の政策との間に、大きな乖離があるように思われる。

2 学校図書館資料——教育委員会「改革」との関連

■教育委員会の「改革」議論

また今日、教育委員会の「改革」が論議されている。現在の教育委員会は、首長が議会の同意を得て任命した原則五人の委員によって構成されている。教育行政の執行機関の責任者である教育長はその委員のなかから教育委員会によって任命され、事務局の事務を統括し、教育委員会が示した方針・決定のもとに具体的な事務を執行することになっている。

こうした教育委員会は、①首長から独立した権限をもつことによって教育行政の政治的中立性を確保する、②独人制ではなく、合議制にすることにより、教育行政が一個人の価値判断に左右されることを防ぐ、③専門家の判断だけによらない、広く地域住民の意向を反映した教育行政を実現する（レイマンコントロール）、などの特性をもっている。こうした特性をもつ教育委員会制度は、戦前の国家主義的教育の反省に立ち、教育委員会が政治からの影響を受けないようにという考えのもと、一九四八年にできたものである。

しかし、この制度は『ゲン』の提供制限問題でも指摘されたように、近年「制度疲労」や「形骸化」をきたしているとの批判にさらされ、教育委員会「改革」が大きな政治的課題として登場してきた。この批判の直接の契機は、二〇一一年に大津市で起きた、中学二年生の男子生徒がいじめを苦に自殺したとされる事件である。この事件の事実関係の調査と再発防止などを目的に設置された第三者調査委員会の「調査報告書」(7)（二〇一三年一月三十一日）は、「今回の事件における教育委員会への世論の批難は、「市教育委員会の隠蔽体質」という一点にあった」と分析した後、「提言」のなかで「教育委員会の在り方」を次のように述べている。

もっと教育委員会の独自の考え方が自由に発言でき、自由に運営できるという「自由さ」が求められると考える。今の教育委員会のシステム構造では、上級機関（文部科学省─県教育委員会）への数値報告が求められるようになり、成果主義に陥っていると指摘せざるを得ない。数値での成果の比較がなされるため、都合の悪い傾向や、結果は出したくないとの判断が働くのも当然のことと思われる。もっと自由に物が言え、自由に語り合える場が保障されているならば、もっと子どもに向き合った教育活動が期待できるものである。

この「調査報告書」から、教育委員会「改革」で求められている課題を二点読み取ることができる。第一は、「自由に発言できる」「自由に運営できる」委員会制度の確立である。自由な「発言」

や「運営」ができなければ、「合議制」も「レイマンコントロール」（住民による意思決定）も「形骸化」すると言わざるをえない。

また、教育委員会には教育長の執行事務をチェックする機能が期待されているのに、現状は「教育委員会という行政委員会が、事務局によって支配されている」[8]ため、教育委員会は教育長のもとにある事務局が作成した議題の「追認」機関となり、事務局の「独走」に「正当性」を与える役割を担ってしまっている。片山善博（前鳥取県知事）は、こうした「独走」をさせない仕組みを作ることは「さほど難しくない」と述べ、「そもそも事務局には決定権などないから、教育委員会として決定すべき事項はすべて教育委員会議の場に提出させればいい」[9]と提言する。「改革」の方向性は、教育委員会が課題解決の迅速性や指導力を発揮できるような組織にすることである。そのなかで、委員同士が「自由な発言」を交わし、「自由な運営」をすることである。

第二は、上級機関（文部科学省―県教育委員会）との関係である。上級機関との関連で「都合の悪い傾向や、結果は出したくないとの判断が働く」ならば、地方自治としての教育行政はなきに等しい。教育委員会をめぐっては、教育委員会が「タテの行政系列」に組み込まれており、その「タテの行政系列」の頂点に位置するのは「政権＝文科省」そのものであり、それに「オウム返しのように「忠実」なのは教育委員会であり、事務局官僚機構[10]」であるとの指摘がある。「上」（上級機関）を見ることに重きがおかれれば、「下」（学校）に意を払いにくくなる。「改革」すべきは、上意下達の教育行政である。

■「改革」議論と学校図書館資料

教育委員会の「改革」論議のなかで、中央教育審議会は、「今後の地方教育行政の在り方について（答申）」（二〇一三年十二月十三日）を出した。[11] そのなかに盛られた「改革案」は、次のようなものである。①首長を教育行政の最終責任者にし、首長が教育施策の目標などを定め、その首長が任命した教育長を委員会から切り離して事務執行の責任者として実務を仕切らせる、いわば、教育長を首長の「補助機関」とすることによって教育行政を首長直属のものとする、②それに対し、これまで教育に対する一般方針の決定、教育長の指揮監督などを担ってきた教育委員会は、一転して首長の「付属機関」となる。ただ答申には、最終的な権限は教育委員会に残すという案も併記されている。

現在（二〇一四年三月十三日）、こうした「改革」案は、①教育委員会は、現行どおり「執行機関」とする、②教育長と教育委員長を一本化した新たな「教育長」を新設し、首長が任免権をもつ、任期は三年、③首長と教育委員会の意思疎通をスムーズにするために首長が主宰する「総合教育会議」を新設し、各自治体の常設機関とする、構成員は首長、教育長と教育委員で有識者も参加でき、教育行政の基本方針を定める「大綱」の中身を協議する、などを柱とした教育委員会見直し案が、与党（自民党、公明党）で合意し（「朝日新聞」二〇一四年三月十三日付）、四月四日、教育委員会制度を見直す地方教育行政法の改正案が閣議決定され、国会に提出された。

しかし、こうした「改革」は、これまで教育委員会制度の柱だった「政治的中立性」を大きく揺るがしかねない。「選挙」という最も政治的なプロセスを経て選ばれた首長に教育行政の大幅な権限を委ねることは、そのときどきの政治的意思を教育に直接的に反映させることになる。選挙による「政治的意思」の変更は教育施策、教育長の変更へとつながり、教育行政の不安定を招きやすく、また教育に関する地域住民の声も届きにくくなる。今日の教育委員会制度では、政治的中立性の確保とならんで、「継続性、安定性の確保」「地域住民の意向の反映」といった項目も重要な柱とされていたが、今回の答申は戦後教育の大転換をも内包したものであり、大きな懸念が含まれている。

こうした「改革」がなされた場合、教科書選定への首長の関与が大きくなる可能性が出てくる。首長が直接、考えを述べなくても、首長の意思（政治的立場）を反映、あるいは「忖度」した教科書選定がなされる可能性が強くなる。既述した国旗・国歌をめぐる教育委員会の教科書選定への「介入」は、そうしたことが今後さらに起きることを十分に予想させる。

教科書への首長の関与は、補助教材にも及ぶことがあるだろう。補助教材はその使用に際して、教育委員会への届け出、承認が求められている（地方教育行政の組織及び運営に関する法律第三三条二項）。その際、「承認」への首長の関与も考えられる。

そうしたとき、学校図書館資料に対する教育委員会のスタンス、すなわち、これまでのように「学校図書館資料に関しては校長の権限、裁量」という立場は維持されるのだろうか。第2章で詳述したように、東京都練馬区教育委員会は、区民から出されていた『ゲン』の「撤去」「自由閲覧」の両陳情とも不採択にした（二〇一三年十二月二日）。学校図書館の選書は「校長の裁量」であり、教育委員会が「統制」「指示」すべきではないとの理由に基づくものである。その根拠は、統制・指示は「選書に対する公平性や公正性をゆがめることになる」からであった。そして、そうした立場は、教育委員会の政治的中立性が前提であった。しかし首長が教育施策の目標を定めることになれば、その施策には首長の「政治的意思」が入り、教育委員会の政治的中立性は危うくなる。そうしたなかで、学校図書館の個別資料の収集・提供について首長の考えが出された場合、教育委員会は「公平性・公正性」を根拠に、「校長の権限（裁量）」だとする立場を保ちうるのかという問題が生じる。

■市教委が『ゲン』回収——市長「差別的表現」

二〇一四年三月、『はだしのゲン』計百二十八冊が、大阪府泉佐野市の小中学校十三校の図書室から約二カ月にわたって撤去されていたという報道がされた。「毎日新聞」（二〇一四年三月二十一日付）の報道によると、おおよそ次のとおりである。

・『ゲン』は、小学校一三校のうち八校、中学校全五校で図書室に開架で保管。
・昨年（二〇一三年）一一月に、市長から「『乞食』や『ルンペン』など、人権にかかわるような表現が多く、見過ごすわけにはいかない」として、教育長に対応の検討を指示。
・教育長は、同月『ゲン』を図書室から撤去し、別の場所に保管するよう各校に要請。
・しかし各校が要請に従わなかったので、今年（二〇一四年）一月、『ゲン』を図書室から回収し市教委に集めるように各校に指示。

市長は同月二十日の記者会見で、「作品には不適切だと思える表現が多く存在する。学校現場で放置されるべきではなく、適切な指導、教育が必要だ」と説明している(「北海道新聞」二〇一四年三月二十日付)。市長の価値観で学校図書館資料の適否を判断、いわば「差別的表現」を理由に学校図書館資料に対して首長による「介入」がなされたのである。

さらに問題なのは、市長の要請を受けて回収に動いた教育長の指示である。そして、この回収指示は、ほかの教育委員たちに相談しないで踏み切ったという(「朝日新聞」「社説」二〇一四年三月二十二日付)。こうした「介入」が、「選書の公平性、公正性をゆがめることになる」、あるいは「学校図書館資料の選択は、学校(校長)の裁量である」(東京都練馬区教育委員会会議)との判断には立たず、教育長は市長の要請に従った指示をした。いわば権力迎合的な指示である。

既述した懸念は、こういう形で現実のものとなった。「首長が上意下達に出たとき、教委や学校現場がブレーキをかけられるのか。はなはだ心もとない」(「朝日新聞」「社説」二〇一四年三月二十二日付)との思いを改めて感じざるをえない。

しかし同市の校長会は、この指示に対して「ブレーキ」をかけている。回収指示がされた後、一月二十三日、「特定の価値観や思想に基づき、読むことさえできなくするのは子どもたちへの著しい人権侵害だ」として、回収指示の撤回と『ゲン』の返却を求める要望書を教育長に提出している(「朝日新聞」二〇一四年三月二十日付)。この件については、「毎日新聞」(二〇一四年三月二十一日付)は、校長会が「学校図書館の運営権限は校長にある」などとする「抗議文」を一月と二月に計二回市教委に提出、また「北海道新聞」（二〇一四年三月二十日付）は、一月二十三日と二月十日の二回、文書で「一方的な回収は理不尽だ」などと抗議したことを報じている。

ところが教育長は、校長会に対し「閲覧記録を確認するなどして読んだ子を特定し、個別に指導できないか」と打診したという（「朝日新聞DIGITAL」版、二〇一四年三月二十日付）。しかし校長会はこの打診を拒否した。「もし」校長会が、この打診を受け入れた場合、現場での指導はどのような指導になるのだろうか？　そうした指導に対し、子どものなかには、「先生は、生徒がどんな本を読んだかを調べている」という疑念をもつ子どもも出てくるだろう。子どもの心の内を「こっそり」とのぞき込むような指導が、子どもと真摯に向き合うべき教育にふさわしいとはとうてい思われない。校長会の拒否はもっともであった。

また「不適切表現」「差別的表現」が許されないのは当然だが、「不適切な表現があるからといって一律に閲覧制限するのは教育になじまない」（校長会）（「朝日新聞DIGITAL」版、二〇一四年三月二十日付）。文豪といわれる作家の作品にも、名作といわれる映画にも、そうした表現はしばしば登場する。言葉は時代の「産物」であり、その「産物」を消してしまえば、その時代を失うことにもつながる。それだけに、その言葉が、どのような意味合いをもって使われたか、その言葉の時代背景を含めて子どもたちに教えていくことが大切なことである。そのためにも、「産物」を回収してはならないのである。

また、「不適切表現」「差別的表現」の図書を、学校図書館資料群のなかから「選別」することは可能なのだろうか。校長会も「大量の蔵書から不適切な表現が含まれる作品を拾い出し、語句を逐一訂正指導するようなことは不可能」などとの文書を出したという（「朝日新聞DIGITAL」版、二〇一四年三月二十日付）。はたして、当該の市長は、各学校にある膨大な学校図書館資料を読みこなし、そのうえで『ゲン』のなかの「差別的表現」を「発見」したのだろうか。同様なことは、回収指示を出した教育長にも言えることである。

校長の一人は、「教育長の指示とはいえ、回収に協力してしまったことを悔やんでいる。差別的表現のある本はほかにもあるのに、なぜゲンだけなのか。狙い撃ちされたとしか思えない」と話している（「朝日新聞DIGITAL」版、二〇一四年三月二十日付）。「なぜゲンだけなのか」「狙い撃ち」という疑念を抱かせるような「指示」は、教育行政の中立性をも逸脱するものである。

また教育長の打診（閲覧記録の確認）は、「子どものプライバシー」権の侵害につながるものである。学校図書館の貸し出し記録は、子どもの内心を記録したものである。そして、その記録（情報）は、子ども個々人に属する記録であり、子どものプライバシー情報そのものである。そのため、その記録を目的外に利用することは、子どものプライバシー権の侵害につながるものである。また特定図書の選別・排除は、子どもの知る権利や学習権を侵害するものでもある。

その意味で、「人権にかかわるような表現が多い」との考えに基づいてなされた『ゲン』の回収指示は、新たな人権侵害の懸念をも生じさせたのである。

この回収措置は、三月二十日午後の校長会で各校に返却することでもとに戻った。市教委によると「問題になる表現の把握など今後の指導の準備が済んだ」とのことである（「毎日新聞」二〇一四年三月二十一日付）。

報道後二カ月を経た五月下旬、「朝日新聞」（二〇一四年五月二十九日付）は、「ゲン回収　背景に「条例」　大阪・泉佐野市長の「介入」防げず」と題し、教育長に取材した記事を掲載している。

それによると、泉佐野市は二〇一三年九月に、教育行政基本条例を制定し、指針となる教育振興基本計画の策定に市長が関与することを明文化している。教育長は、市長からの指示である『ゲン』の回収について、「非常にデリケートな本だし、回収にはためらいがあった」と言う。また「読んだ子を特定して、個別指導をするべき」というのは市長の考えで、教育長は慎重な対応を求めたが、市長は譲らなかったという。市長の「介入」を押しとどめようとしたが、「市長から指導を求められ、検討せざるを得なかった」。教育長は、この「条例」を「意識していた」という。

同条例では、教育振興基本計画の策定にあたっては、「市長と協議」することが規定されており（第三条一項）、その計画では、「教育の基本的な目標及び施策の大綱」「教育の振興のための施策を総合的かつ計画的に推進するために必要な事項」を定めることになっている（同条二項）。そして、市長と教育委員会は「適切な役割分担」（第二条）の下に連携強化が謳われている。

先の「朝日新聞」は、同市の教育委員長にも取材している。教育委員長は、『ゲン』の回収を聞かされたとき「驚愕しました」、そして「一刻も早く返した方がいい」と助言したという。政府は現在、首長が主宰する総合教育会議で教育大綱を決める法案の成立を目指しているが、同教育委員長は「首長が『差別用語のある本は学校図書館に置かない』と決めてしまえば、ゲンのような本は排除される可能性がある。首長に権限を集中させると危うい」と警告している。

学校図書館資料への首長の「介入」が、容易化されようとしている。

■教育への過剰な「介入」、学校図書館の未来への懸念

松江市教育委員会による『ゲン』の提供制限は、学校図書館からの『ゲン』の撤去を求める市民からの議会への陳情が発端だった。そして、その陳情を審議した議会の賛否を「過剰に斟酌」した市教委事務局の判断が、『ゲン』の閉架要請へとつながった。教育委員も首長も何らの意思表示をしなかったにもかかわらず、『ゲン』は閉架となった。「斟酌」「忖度」政治は外からは見えにくく、「タテの行政系列」が支配するなかでは、これらは正当な業務の一環として行使されやすい。

また本書第2章では、学校図書館法、学校教育法を根拠に、学校図書館資料の収集・提供を含めて、学校図書館運営の「権限」は法的にも学校にあることを明らかにした。しかし教育委員会による教科書への「介入」が現実化している今日、本書がテーマとしている学校図書館資料に関しても、法的根拠、教育行政の中立性を無視した「介入」が拡大するのではないかという懸念を禁じえない。大阪府泉佐野市での『ゲン』回収措置は、そうした懸念の現れであり、教育に対する首長の権限を強めようとする今日の教育委員会「改革」は、そうした懸念を増幅させるものである。

戦後教育は、「無意味な戦争の起こるのを防ぐことができ」なかった一因が、「批判的精神に乏しく権威に盲従しやすい」日本国民にあったという自覚から出発している。そのため、「教育においても、教師が教えるところに生徒が無批判的に従うのではなく、生徒が自ら考え自ら判断し、自由な意思をもって自ら真実と信ずる道を進むようにしつけることが大切である[12]」との認識のもとに出発した。

「自ら考え、自ら学ぶ」「自ら問題を見つけ、解決できる力を養う」ことが求められている今日、教育への過剰な介入は、こうした子どもの育成を不可能にさせかねない。それは戦後教育のなかで生まれ育ってきた学校図書館の行く末に対する懸念でもある。

3 「環状」にある民主主義と図書館、そして教育

■図書館と民主主義

教育の多様性・自由性は、それ単独として存在することは難しい。様々な人権が保障されるなかで、教育の自由も保障されていく。その前提は、民主主義社会に対する価値観が共有されることである。

民主主義の社会とは、誰もがこの社会の主体として、「自分の考え（思想）を自由に形成し、その考えを自由に表現することにより、社会の構成員として、社会のありように自ら参加することができる社会」である。

だからこうした社会にあっては、社会的（公的権力）に公認された絶対的な思想（考え）は存在しない。それぞれの思想が社会の指導的価値となるか否かは、もっぱらその思想に対する共感と賛同にかかっている。それだけに、公権力が教育内容に「介入」し、人々の思想形成に影響を与える

ことは、こうした社会の構築に大きな懸念を生じる。子どもが学校教育を通じて入手する情報が、特定の価値観に沿うものに狭められていくなら、それは民主主義社会の主体としての子どもの行く末に対する大きな不安定要因となる。

アメリカ図書館協会の知的自由に関する基本的文書などを収録している文献に『図書館の原則』がある。この文献は、国民の情報入手について多様な視点から諸原則を解説しているが、その原則の根本に位置する「知的自由」を、次のように説明している。

各人がどのような主題についても自由な信条を持つ権利、および各人が適切と考える方法で思想を伝える権利である。次に、情報や思想への自由なアクセスという権利について、社会が一様に貢献していなくてはならない。（略）自分が選んだ伝達手段で自分を表現するという自由は、当の情報へのアクセスが保護されていないと実質的には無意味となる。知的自由は環状になっている。表現の自由か思想へのアクセスかのどちらかが抑えられると、この環は崩壊する。(13)

これを引用すれば、図書館と民主主義もまた「環状」になっているといえる。書物（思想）の優劣の価値判断が特定の為政者に握られている時代には、書物の自由な社会的流通は遮断される。表現の自由が制限され、思想への自由なアクセスが制限される状況下での図書館は、もはや図書館ではなく権力者にとっての広報機関である。

自由な図書の収集・提供が制限・禁止された例は、戦前のわが国の図書館にも多数あり、全国各地の図書館史にはそうした事例が数多く記録されている。例えば東京都の『千代田図書館八十年史』には、東京市から、左翼思想関係図書は「一括厳封し館長（主任）印押捺の上厳重に保管し置くこと」という通達文書が出されたことが記されている。[14]『県立長野図書館五十年史』には、「戦局の悪化とともに防諜・戦意高揚等の名目の下に、蔵書に対する軍部や警察の取締りや干渉も厳しさが増していった。日本の地図が掲載されている図書は、百科事典を初め旅行案内に至るまで、防諜のためということで、特別扱いを厳命された[15]」との記述がある。

また『埼玉県立浦和図書館五十年誌』の年譜には、岩波書店発行の雑誌「教育」の読者調査依頼に浦和警察署の特高視察係が来館（一九四四年六月二十九日）した旨の記録が残されている。[16]こうした読者調査に関しては、『弘前図書館六十年の歩み』にも、弘前署刑事が同館を訪れ（一九三八年二月十七日）、石坂洋次郎の代表作である『若い人』の中学生閲覧者を調べたとの記録がある。[17]『若い人』は、三田文学賞を受賞した作品だが、当時、その一部が不敬罪、軍人誣告罪にあたるとして、ある右翼団体から検事局に告訴されていた。

さらには、国策に合うような図書を宣伝、紹介したケースも各図書館史に見ることができる。『北海道立図書館四十年史』の年表には、北海道で陸軍特別大演習がおこなわれたのを機に、陸軍関係の図書目録を印刷・頒布したり（一九三六年）、紀元二千六百年史その他関係図書や「国民精神作興に関する詔書関連図書」を特別展覧した（一九四〇年）ことが記録されている。[18]こうした記録を見ると、図書館も時代のありようと深くかかわっていたことがわかる。

だから、市民に開かれた図書館が成立するには、その前提として、人間の精神と深くかかわる様々な自由が社会的に保障されていなければならない。いわば、民主主義社会存立の前提である自由が保障されてこそ、社会には多様な価値観をもった書物が登場し、その書物が図書館に蔵書として収集され、人々に提供されていく。そして、そうした書物を読んで世界を知り、他人を知り、自己を磨いていった人々が、民主主義社会を支える主人公になっていく。図書館と民主主義の間にも、こうした「環状」の関係がある。

■教育と民主主義——「子どもが本を読まない国に未来はない」

さらに、教育と民主主義も「環状」になっている。民主主義に基づく教育には、自立的・自覚的な人間形成を促すもろもろの自由が内包されている。思想・良心の自由、学問の自由、表現の自由、知る権利などの人間的諸自由の保障をその要件としている。そうした諸自由のもとでの教育が批判的精神に富んだ自立的・創造的な子どもを育て、その子どもが主権者国民として民主主義社会の構成者になっていく。

「子どもが本を読まない国に未来はない」。アメリカ議会はアメリカの民主主義を守る基盤として、一九八七年を「読書推進年」（The Year of the Reader）と決議した。大統領もただちにこれに署名し、非識字者解消、識字率低下防止などを含む広範な読書運動を展開した。こうした運動を生み出す推進力となったある報告書には、「われわれの民主主義は図書と読書の上に打ち立てられている（Our democracy is built on the books and reading）」という言葉が刻まれている。(19)

アメリカは、さらにその二年後（一九八九年）を「青少年読書年」とした。これを期して出された大統領宣言は、いまほどアメリカは「我らの自由と知性の伝統を深く心に刻み、それを擁護する意思をもった、教養ある賢明な市民」を必要としているときはなく、読書はそうした市民を育てるのに「計り知れぬ奉仕[20]」をしていると述べている。

読書によって培われたこうした「教養」が、賢明な主権者たる国民を生み出し、一国の民主主義を根底で支えることになる。他方、子どもが本を読まないという現実は、子どもの成長・発達を疎外することを通じて、健全な国民の育成を困難にする。その意味で、学校図書館のありようは、学校図書館だけにとどまらず、一国の「未来」の行方にもかかわっているのである。

■民主主義、図書館、教育、そして人権

民主主義、図書館、教育――この三つの「循環」の基軸にあるのが基本的人権である。その人権がどのように保障されているのか。それを理解することが、教育の多様性、学校図書館蔵書の多様性にも連動する。そこで本章の最後に、日本国憲法に規定された人権群のなかで、図書館、教育と深くかかわる人権について略述する。思想・良心の自由（第一九条）、表現の自由（第二一条）、学習権（第二六条）、さらには国民主権原理（第一条、第一五条）などである。

4 日本国憲法に規定された人権群——図書館、教育と関連して

■「思想・良心の自由」（第一九条）

思想・良心の自由は、これを侵してはならない。

思想・良心の自由を保障する意義は、人の心のなか（内心）には国家権力といえども立ち入ることができない領域があるとする点にある。だから、国家権力が、①特定の思想を国民に従うよう強制、奨励すること、②特定の思想を抱いていること（あるいは抱いていないこと）を理由に不利益を加えること、③内心を強制的手段で告白させたり、何らかの手段によってそれを推測すること、は禁止されている。個々人の思想形成は、各人の私的領域に属する問題と捉えている点で、この自由は精神的自由権の基盤をなす人権である。

その点、読書という行為は人間の思想形成と深いかかわりがある行為で、民主主義社会の基盤を形成する。わが国の裁判所も、在監者が求めた図書閲読に関する裁判で、「図書および新聞の閲読は、思想形成の手段であるから、その自由は、思想の自由の一部またはこれに随伴するものとして、憲法の保障する基本的人権に属する[21]」、あるいは「図書閲読の自由は、憲法第一九条で保障されて

いる思想および良心の自由に含まれる基本的人権である」[22]と、読書と思想形成の関連について述べている。

さらに最高裁判所も、いわゆる「〝よど号乗っとり事件〟新聞記事抹消事件」で、図書・新聞紙などの閲読の自由は、個人としての思想および人格形成とその発展、さらには民主主義社会での思想および情報の自由な伝達・交流の確保などのうえで不可欠だという認識のもとに、次のような判断を下した。

意見、知識、情報の伝達の媒体である新聞紙、図書等の閲読の自由が憲法上保障されるべきことは、思想及び良心の自由の不可侵を定めた憲法一九条の規定や、表現の自由を保障した憲法二一条の規定の趣旨、目的から、いわばその派生原理として当然に導かれるところであり、また、すべて国民は個人として尊重される旨を定めた憲法一三条の趣旨に沿うゆえんでもある。[23]

読書が、個々人の思想形成に大きな役割を果たしていることは、図書館が国民の思想・良心の自由を保障する制度的な保障装置であることをも意味しているのである。わが国の戦前の図書館が「思想善導」機関になったことは、国家が図書館を通じて、国民の内心（思想・良心）の形成に介入することであった。また、第8章で論じるナチスによる焚書とそれに続く図書館への統制の歴史も、国家が図書館を、国民の内心を左右する「道具」として利用したことを意味している。それだけに、第一九条には、国民の「内心」形成と図書館とは不可分の関係にあることが含意されているのである。

したがって、図書館が特定の思想の図書を奨励したり、特定図書をその内容を理由に処分・排除したり、誰がどの本を利用したかを調査（特定図書の利用者閲読調査）したり、あるいはそうした調査行為に加担したりすることは、国民の思想形成を侵害する行為としてすべきことではない。

■「表現の自由」（第二一条）

①集会、結社及び言論、出版その他一切の表現の自由は、これを保障する。
②検閲は、これをしてはならない。通信の秘密は、これを侵してはならない。

表現の自由は、日本国憲法が規定する人権のなかで、図書館とかかわる最も核心をなす人権である。この表現の自由は、内心の自由とは異なり、自己の内心を外部に表出する権利である。そうした言論による思想の交換が社会を発展させ民主政治を支えてきたという確信が、表現の自由には内包されている。

しかし表現の自由は、自由に意見を発表できる権利とともに、そうした意見を享受できる権利をも含んでいる。それは、表現という行為が有している社会性に起因している。なぜなら、表現者はその表現を受け取る人（読む人、見る人、聞く人など）の存在を前提として、自己の思想を外部に表出している。したがって、表現をする権利と表現を受け取る権利とはコインの表と裏の関係にある。この表現を受け取る権利が、知る権利である。

図書館はこうした人権としての知る権利を保障する社会的装置であり、その考えを図書館側から表明した文書が「図書館の自由に関する宣言」である。この宣言は、図書館の最も重要な任務を「知る自由をもつ国民に、資料と施設を提供すること」であると述べ、そうした権利を確保するために、図書館には、①公権力（社会的勢力）から干渉を受けたり介入されたりすることなく図書館資料を収集しそれを提供する権限、②利用者の利用記録や読書記録のようなプライバシーに関する情報を外部に漏らさない義務、などを規定している。また図書館利用者である国民は、①いつでもその必要とする資料を入手し利用する権利、②利用に関して、人種、信条、性別、年齢などによって差別されない権利、をも規定している。

今日の情報化社会のなかで、表現の自由を情報発信者の側からだけでなく、情報受領者の側からも捉え返すことは、豊かな情報の流れを確保するために極めて重要なことである。そうしたとき、図書館利用を通じて情報を受け取る国民（住民）の権利は、知る権利の内実を構成する重要な要素の一つである。

■「学習権」（教育を受ける権利）（第二六条）

すべて国民は、（略）その能力に応じて、ひとしく教育を受ける権利を有する。（第一項）

学習権という考えは、国民の教育を受ける権利（第二六条）の解釈のなかから登場してきた概念であり、わが国では、一九六〇年代中葉から、人間の成長・発達という観点に立って、「大人のそれから区別される子どもの権利」「子どもが将来にわたって、その可能性を開花させ、人間的に成長する権利」[24]を軸とした権利と理解されるようになってきた。

こうした学習権理論は、さらに一九七〇年代の教育裁判のなかで憲法第二六条の解釈として述べられることによって、判例上も次第に確認された権利となっていった。「子どもは未来における可能性を持つ存在であることを本質とするから、将来においてその人間性を十分に開花させるべく自ら学習し、事物を知り、これによって自らを成長させることが子どもの生来的権利であり、このような子どもの学習する権利を保障するために教育を授けることは国民的課題である」[25]と述べた東京地裁判決、さらには「子どもの教育は（略）何よりもまず、子どもの学習する権利に対応し、その充足をはかりうる立場にある者の責務に属する」[26]とした最高裁判決は、そうした認識に立った判例であった。

しかし、学習権の主体は「子ども」だけにとどまるものではない。憲法第二六条も、教育を受ける権利は「すべて国民」にあると明記しており、学習権は国民各自の権利として認識されるべきものである。生涯学習社会といわれる今日、学習権は国民各自が学習によって、自らを成長させていく自己学習権として理解することができる。

学習権をこうした権利として位置づけた場合、そうした学習を具体的に保障する場として、図書館は大きな位置を占めることになる。自己の自由な意思に基づいて人格形成を図る場としての図書館は、豊かな人間を育むための土壌となるのである。

■「国民主権原理（参政権）」（第一条、第一五条）

天皇は、（略）主権の存する日本国民の総意に基づく。（第一条）

公務員を選定し、及びこれを罷免することは、国民固有の権利である。（第一五条）

国民主権原理は、安定的な社会を持続させるために人間が生み出した知恵の一つである。独裁政治はごめんだが、賢人による政治も結局は崩壊していく。そうであるなら、自分たちの社会は自分たちで責任をもつのが最もいいことなのだという考えは、人間が生み出した知恵のなかでも上等の部類に入るだろう。

しかし、そうした知恵が最大限に生かされるためには、自己の政治的立場を他者に伝え（情報を発信する）、また自己の政治的信条を確立するために他者の思想に学ぶ（多様な情報を入手する）という、情報の互換性が確立される必要がある。この情報の互換の有力な媒体の一つが書物である。その点、先に述べた在監者処遇に関する判決のなかでも、読書などの自由を含む表現の自由の保障は、「民主主義社会を支える基本的原理」[27]とか、読む自由は「近代民主主義の確立に重要な役割を果たしている」[28]と述べた判例がある。だから、図書館は「民主主義社会体制における必然的な構造上のユニット」[29]として、国民主権原理と密接不可分の関連をもちながら、国民が政治に参加する権利を実質的に担保する役割を担っている。

こうした人権規定を見ると、日本国憲法は、知や情報の広場である図書館存立の「基盤」であり、批判的精神に富み、個性的な子どもを育てる学校教育の「土壌」でもあることがわかる。「侵すことのできない永久の権利」（日本国憲法第十一条）としての人権を基本に据えた教育のありようが極めて大切である。そしてそれが、市民の知を支える図書館、そして学校教育を支える学校図書館をも豊かなものにするのである。

注

（1）家永三郎『太平洋戦争』（日本歴史叢書）、岩波書店、一九六八年、三〇―五〇ページ

（2）一九三三年には、「国家非常ノ時局ニ当面シ（略）吾人職ニ図書館ニ関係スル者ハ国民教化ノ重責ヲ痛感シ」（第二十七回全国図書館大会決議〔「図書館雑誌」一九三三年七月号、二〇七ページ〕）、あるいは四三年には、「国策浸透ノ機関トシテ、或ハ国民再教育ノ機関トシテ」（第八十一帝国議会衆議院「図書館ノ戦時体制確立ニ関スル決議」〔「図書館雑誌」一九四三年三月号〕）、などの位置づけのもとに「決議」がされている。

（3）大滝則忠「図書館と読む自由――近代日本の出版警察体制との関連を中心に」、塩見昇／川崎良孝編著『知る自由の保障と図書館』所収、京都大学図書館情報学研究会、二〇〇六年、一六五―二四二ページ

（4）教科用図書検定調査審議会「「教科書検定の改善について（審議のまとめ）」」（http://www.mext.go.jp/component/a_menu/education/detail/__icsFiles/afieldfile/2014/01/14/1343252_01.pdf）［二〇一四年二月十四日参照］

（5）こうした措置に対して、高島伸欣琉球大学名誉教授ら都民六十七人が二〇一四年二月七日、東京都教育委員会が同教科書の「使用は不適切」として都立高校に通知したのは違法だとして、都を相手取り、通知の取り消しなどを求める訴訟を東京地裁に起こした（「朝日新聞」二〇一四年二月八日付）。

（6）「教育振興基本計画」（http://www.mext.go.jp/a_menu/keikaku/detail/__icsFiles/afieldfile/2013/06/14/1336379_02_1.pdf）［二〇一四年二月十四日参照］

（7）「第三者調査委員会報告」（二〇一三年一月三十一日）では、市教委は当該中学校への支援体制をとらず、「調査そのものを学校に丸投げ」していた。また市教育委員にも委員会開催まで、市教委事務局や学校から詳しい情報の提供はされず、「重要な意思決定においてらち外に置かれていた」と述べている。そして、「こうした実態は大津市に限られず、全国の教育委員会に共通する問題点」であり、その結果として、教育委員会事務局や学校は「第三者的チェックから逃れ」、本件のような事案に際し、その「独走を許すことに」なってしまった、と指摘した（「大津市立中学校におけるいじめに関する第三者調査委員会報告」〔http://www.city.otsu.lg.jp/shisei/koho/kouho/message/1388936256432.html〕［二〇一四年四月三十日参照］）。

（8）新藤宗幸『教育委員会――何が問題か』（岩波新書）、岩波書店、二〇一三年、二二五ページ

（9）片山善博「片山善博の「日本を診る」（四十九）『はだしのゲン』を教育委員会再生のきっかけに」、岩波書店編「世界」二〇一三年十一月号、岩波書店、八六―八八ページ

（10）前掲『教育委員会』（一八三―一八四ページ）。ここで新藤は、「タテの行政系列」を基軸とする教育委員会制度を「解体」し、首長のもとに教育行政を統合すべきだと論じる。しかし、それは首長

の「独善的」な教育行政をよしとする意味ではないとも述べる（同書二二六―二二七ページ）。

（11）中央教育審議会「今後の地方教育行政の在り方について（答申）」（二〇一三年十二月十三日）（[http://www.mext.go.jp/component/b_menu/shingi/toushin/__icsFiles/afieldfile/2013/12/18/1342455_1.pdf]［二〇一四年二月十四日参照］）。

（12）前掲「新教育指針」七ページ

（13）「序文」、前掲『図書館の原則』

（14）東京都千代田区『千代田図書館八十年史』東京都千代田区、一九六八年、一九六ページ

（15）県立長野図書館『県立長野図書館五十年史』県立長野図書館、一九八一年、四九ページ。しかし、こうした図書館資料に対する統制は、戦後の占領下でもおこなわれた。「常軌をこえた、検閲強化を行なってきた内務省が、二十一年三月には早くも（略）警保局長名で、てまわしよく出版物没収の通牒を流している。（略）約一年間、全国の図書館＝官公私立・大小に関係なく、しかも学校・会社の施設を含むという、網羅的な規模で〝戦犯〟図書の没収が行なわれた」（前掲『千代田図書館八十年史』二三八ページ）

（16）埼玉県立浦和図書館『埼玉県立浦和図書館五十年誌』埼玉県立浦和図書館、一九七二年、一四八ページ

（17）弘前市立弘前図書館『弘前図書館六十年の歩み』弘前市立弘前図書館、一九六六年、八二ページ

（18）北海道立図書館『北海道立図書館四十年史』北海道立図書館、一九六七年、一八六、一九〇ページ

（19）酒井悌「現代学校図書館の課題――アメリカの教育資質向上策を読んで」、全国学校図書館協議会

編「学校図書館」第四百三十五号、全国学校図書館協議会、一九八七年、一一ページ
(20)「「青少年読書年」に関する米国大統領宣言」(ロナルド・レーガン、一九八九年)。この宣言は、「学校図書館」第四百六十二号(全国学校図書館協議会、一九八九年)一一―一二ページに柳楽宏訳で掲載されている。
(21)「広島高裁一九七三年五月二十九日判決」「判例時報」第七百十五号、判例時報社、一九七三年、三九ページ
(22)「鹿児島地裁一九七四年五月三十一日判決」「訟務月報」第二十巻九号、法務大臣官房訟務局、一九七四年、一〇三ページ
(23)「最高裁一九八三年六月二十二日判決」「判例時報」第千八十二号、判例時報社、一九八三年、三ページ
(24)堀尾輝久「現代における教育と法」、『岩波講座現代法』第八巻所収、岩波書店、一九六六年、一七〇ページ
(25)「東京地裁一九七〇年七月十七日判決」「判例時報」第六百四号、判例時報社、一九七〇年、二九ページ
(26)「最高裁一九七六年五月二十一日判決」「判例時報」第八百十四号、判例時報社、一九七六年、三三ページ
(27)「東京地裁一九六五年三月二十四日判決」「判例時報」第四百九号、判例時報社、一九六五年、一四ページ
(28)「広島地裁一九七三年七月四日判決」「判例時報」第七百二十八号、判例時報社、一九七四年、三

八ページ

(29) 椎名六郎/岩猿敏生『図書館概論』(「日本図書館学講座」第一巻)、雄山閣出版、一九七七年、六一ページ

第5章　学校図書館の力、子どもを変える力
――「教育課程の展開」「健全な教養」と結び付け

1「教育課程の展開」と学校図書館

■「教育課程の展開」への寄与

学校図書館の基本を定めた学校図書館法は、学校図書館の目的の一つに「教育課程の展開に寄与する」ことを規定している（第二条）。この規定は学校図書館をほかの図書館と分かつ重要な点であり、その意義を理解することが学校図書館を理解する大きな手がかりとなる。

「教育課程」とは、英語のカリキュラム（curriculum）の訳語である。もともとは競馬場の競走路（race、course）を意味していて、これがのちに教育上の用語に転用され、学習の道筋、学習の課程（course）を意味するようになった。

その意義は、一般的には「目標と内容を、児童・生徒の発達に応じて、学校および地域の実態を

生かして、授業時数との関連において組織し、教材を選択し、学習活動と評価方法を編成して、何のために、何を、いつ、どこで、いかにして教授し、学習するかを、総合的に、体系的に示した学校の教育計画である(1)」と定義づけられている。

■教育課程の「展開に寄与」する

学校図書館は、こうした教育課程の「展開に寄与する」ことを目的としている。この「展開に寄与」することの意味をどう解するかは、学校図書館資料のありようと深くかかわっているので、まずその点について検討する。

教育課程はそれ自体としてはプランである。そのため、プランがいかに教育課程の本筋に合致したものとして編成されていても、それが日々の教育のなかに取り込まれ、日常的な教育的営為として実践されなければ意味をもたない。いわば教育課程は、実践されてはじめて意味をもつのである。教育課程の展開とは、こうした教育的営為の日常的な実践過程を意味している。

こうした展開(実践的教育過程)は、一人ひとりの教師の日常的な教授過程、あるいは学校総体としてのトータルな教育過程のなかにある。国語の授業や体育の授業が、学校祭や修学旅行の実施が、あるいは児童会(生徒会)活動の指導が、展開の具体的内容を形成している。こうした個々の日常的教育営為の総体が「教育課程の展開」なのである。「教育課程の展開に寄与」する学校図書館とは、こうした教育的営為を、効果的に実践するためにおこなわれる学校図書館活動の総体のことである。

■「主たる教材」としての教科書

その教育課程を編成する際の基準が、学習指導要領である。この学習指導要領には、小学校では教科、道徳、外国語活動、総合的な学習の時間、特別活動の五領域(2)がある。しかし、個々の教育的営為の実践の中軸は各教科なので、特に各教科との関連で「教育課程の展開」の意義を検討する。

教育とは、人類が生み出した知的文化（財）の選択的伝達と、それをもとにした新たな文化の創造である。これを情報という側面から見ると、教育とは、一方では教授者の情報が被教授者に伝達され（いわば、もろもろの文化財のなかから個別の文化財を選び出し、それに教育的価値を付与して後世に伝えていく）、他方ではその伝達された情報（文化財）が刺激となり、被教授者のなかに新たな情報が生み出されるという、情報の伝達とそれをもとにした情報の再生産の過程でもある。そのため、伝達される情報の質と量、あるいは伝達のされ方が、子どもの成長・発達に大きな影響を与えていく。

こうしたことを日々の学校教育に引き付けて考えてみると、教授者から子どもへ伝達される情報（学習内容）は教材という形をとって現れる。その教材のなかでも、「主たる教材」（教科書の発行に関する臨時措置法第二条）が教科書である。学校教育法第三四条は、「小学校においては、文部科学大臣の検定を経た教科用図書又は文部科学省が著作の名義を有する教科用図書を使用しなければならない」（第一項）、「前項の教科用図書以外の図書その他の教材で、有益適切なものは、これを使用することができる」（第二項）と規定している（四九条〔中学校〕、六二条〔高等学校〕に準用規定）。

ここでいう「教科用図書」とは、教科書を指し、「教科用図書以外の図書その他の教材で、有益適切なもの」とは、いわゆる補助教材を指している。補助教材には、「副読本、解説書、学習帳、練習帳、日記帳、郷土地図、図表、掛図、年表、新聞、雑誌、紙芝居、スライド、映画、ビデオ、レコード、CD、録音テープなど[3]」がある。

学習活動の多様化に対応して、「有益適切なもの」であれば教科書以外の多様な教材の使用を認めた二項の規定は、同法が単一的教材観（国定教科書など）から脱却し、多様な教材の存在を容認したものであり、これは同時に、図書館資料が教材に転化しうることをも意味している。

■「教材」としての学校図書館資料

教科書は、人類が生み出した知的遺産（文化財）のなかから、精選された内容（文化財）を一定の順序に従って配列したものである。しかも、知的遺産を子どもの発達段階を考慮して「学年」に区分けし、さらにその内容に応じて「教科」ごとに区分けした文化財である。

しかし教科書は、①「基礎・基本」を伝達・教授する際の媒介としての特性、②多数の子どもたちの学習を同時に展開するために集約化された一種のマニュアル、③あるいは教科書の内容を規定する学習指導要領の性格、などと相俟って、その内容の画一化は避けられない。

そのため、教科書への依拠度が強い授業ほど、定量的知識の伝達となりやすい。それだけに、豊かな学習を展開するには、①教科書の画一性を補うための多様な教材、②教科書では理解しえない事項を補足するための教材、③教科書の内容をより発展させるための教材など、多様で豊富な教材が必要になってくる。学校教育法第三四条二項にいう「教科用図書以外の図書その他の教材」（補助教材）は、そうした教科書がもつ「限界性」を補う役割を担っている。

多様な教材、しかも子ども個々人の発達段階に対応し、かつ子ども個々人の疑問や興味に適切に対応した教材を豊富に用意することは、子どもの柔軟な思考にとって極めて大切である。それだけに、教材は教科書や補助教材だけにとどまるものではない。教材として使用される情報は、多数用意される必要がある。

その点からみると、学校図書館には教材となりうる様々な素材がある。しかしこうした素材は、それ自体がそのまま教材になるわけではない。素材が教材になるには、その素材が教育の目標や内容に即して教授者によって選択され、あるいは授業に利用しやすいように加工されることが必要である。いわば素材（学校図書館資料）は、教授過程への「選択」「加工」というプロセスを経て教材へと転化する。その意味で、学校図書館資料は、教育目標や教育内容、さらには教授・学習過程の展開のあり方によって、恒常的に教材へと転化する可能性をもつ文化的素材である。一冊の図鑑が、一冊の物語が、一冊の絵本が、それぞれ学習に適合したものとして選択・加工されれば、学校図書館資料はすぐれた教材になりうる。また学校図書館資料は、学年の境界を越え、教科の内容を広げ、かつ他教科との横断的内容をも含んだ素材（教材）であり、教科書をより補足し、深化し、拡大させることができる複合的意義を有した素材（教材）なのである。

学校図書館は、そうした意味での素材（教材）が最も適切な形で用意されている場である。そもそも図書館（学校図書館）は、人類の知的文化財の宝庫であり、記録された知識や情報の社会的制御機関である。この宝庫には、教授の対象となる文化的素材（教材）が多数所蔵されているのである。

それだけに、学校図書館資料の不備は、同時に教材の不備として子どもの成長・発達の疎外要因となる。「学校教育の中で大きな位置を占める教材というものの本質的な在り方について真剣な配慮が払われる時、当然その教育自体の中に学校図書館が有機的に組み込まれてくる[4]」のである。その意味で、学校図書館は子どもの成長・発達とかかわって、多様な資料を収集・管理し、それらを「教材」として提供することによって、子どもの成長・発達を支援する教育環境なのである。

■学びを深化、拡大させる学校図書館資料

『新しい社会 六』上巻を題材に

学校図書館資料が「教育課程の展開」に寄与するとはどういうことなのか。それを今回の『ゲン』問題との関連で、広島への原爆投下とそこにいたる戦時体制を例に検討してみる。

広島への原爆投下、その被害と平和の大切さは、小・中・高の各段階で取り上げられている。例えば、小学校の教科書『新しい社会 六』上巻（東京書籍、二〇一〇年三月十日検定済み、二〇一一年二月十日発行）を題材にとってみる。

この教科書では、「長く続いた戦争と人々のくらし」という項目のなかで日中戦争、第二次世界大戦、太平洋戦争、戦争中の生活、空襲、そして「原爆の投下と戦争の終わり」などが説明されている（一二六―一三七ページ）。

その「原爆の投下と戦争の終わり」のなかには、沖縄戦の様子、日本軍の敗北と都市での空襲、政府や軍の指導者は戦争をやめる決断ができなかったこと、などが記述され、それに続いて原爆投下について、次のように記されている。

一九四五年八月六日に広島、九日には長崎に、アメリカ軍は、原子爆弾を落としました。一発の爆弾で、いっしゅんにして何万人もの命がうばわれ、まちはふき飛んでしまいました。

そしてこの教科書には、「調べる」という項目（日中戦争、戦争の拡大、戦争中の人々の生活、空襲による被害、戦争の終結）があり、さらに「まなび方コーナー」がある。この「まなび方コーナー」には、「図書館を利用する　戦争に関する本を読む」という課題が示されていて、次のような例が挙げられている。

①図書館でこのときの戦争を題材にした本を探す。
②国語の教科書でしょうかいされている本なども参考にする。
③日本以外の国々では、どんなことが起きたかも調べる。（「アンネ・フランク」や「杉原千畝」の本などを読んでみる）

この単元を指導する場合、教授者である担当教師は当然、この時代に関する専門書などによって教材研究をするだろう。また、その際の研究資料には学校図書館資料も含まれるだろう。既述のように、学校図書館資料は教育の目標や内容に即して教授者によって選択され、あるいは授業に利用しやすいように加工される、すなわち、教授過程への選択・加工というプロセスを経ることによって教材へと転化する。

そして当然、学習者である子どもは、「調べる」として例示された項目を様々な方法で「調べる」ことになる。しかし、この時代のことを「体験者」から直接聞くのは、今日では極めて困難になっている。したがって、主として実物資料を展示する博物館（資料館）などを見学することも重要になるが、しかし、博物館（資料館）はどの町にもあるわけではない。そうすると、「調べる」手段は「本」（活字メディア）が中心となる。町の図書館が重要となり、自校の学校図書館が不可欠となる。特に、自校の学校図書館に課題に関する豊富な資料が用意されていれば、子どもはその資料を利用して「学び」を発展させることが可能となる。

こうした学習を展開するためには、図書館に「このときの戦争を題材にした本」「国語の教科書でしょうかいされている」戦争に関連する資料がなければならないし、それらが授業の展開に合わせて提供されなければならない。さらにこうした過程で、「アンネ・フランク」や「杉原千畝」を読んだ子どもは、ナチス・ドイツ、ヒトラー、アウシュビッツに関心を抱くこともあるだろう。そのとき、そうした学習要求にふさわしい資料もまた必要となる。

ユダヤ人少女アンネ・フランク（一九二九―四五）は、ナチスの迫害を逃れ、家族らと隠れて暮らしたオランダ・アムステルダムでの十三歳から十五歳までの二年間の生活を記録している。『アンネの日記』である。しかし、アンネを含む八人のユダヤ人はドイツ秘密警察に突き止められ、逮捕、連行され、アンネは姉とともに強制収容所に送られる。そこではチフスが大流行し、そのなかで姉が亡くなり、数日後にアンネも後を追う。アンネ十五歳のときである。

杉原千畝（一九〇〇—八六）は第二次世界大戦中、駐リトアニア領事代理として、ナチス・ドイツの迫害によってポーランドなどヨーロッパ各地から逃れてきたユダヤ人避難民らに、大量のビザ（日本通過査証、「命のビザ」）を発給したことで知られている。

また、教科書に載っている数々の写真のなかの「ナンキンを占領する日本軍」（一二九ページ）、「兵士となった朝鮮の若者たち」（一三一ページ）、「中国残留孤児となった人たち」（一三七ページ）をさらに調べていけば、日中戦争をはじめとする、アジアでの日本の戦争の様子を知ることになる。そのためには、満州事変から始まるアジアでの戦争に関連する資料が必要となる。

『中学社会　歴史』を題材に

中学校の教科書も題材にしてみよう。『中学社会　歴史　未来をひらく』（教育出版、二〇一一年三月三十日検定済み、二〇一二年一月二十日発行）を例にとってみる。

この教科書では、「第二次世界大戦と日本の敗戦」の章で、枢軸国と連合国の戦い、米・英への宣戦布告（太平洋戦争の始まり）、欲しがりません勝つまでは（戦況の悪化と国民生活）、軍国主義の敗北（第二次世界大戦の終結）が順に取り上げられている。原爆については、小学校教科書にはなかったポツダム宣言が登場し、それを日本が無視したこと、アメリカは戦後の世界でソ連よりも優位に立つねらいがあったことを説明した後に、次のように記述されている。

八月六日には広島に、八月九日には長崎に、原子爆弾（原爆）を投下しました。原爆による死者は、被爆後の死者を含めて、広島が二十万人以上、長崎が十万人以上に及び、街は廃墟になりました。

小学校教科書と比較すると、死者の数が具体的数字で説明されている。

この教科書には「トライ」の欄があり、内容を調べ、深める事項が例示されている。例えば、次のような例である。

①枢軸国と連合国のそれぞれのつながりや、両者の対立の関係を、図に表して説明しよう。
②『アンネの日記』を読んでみよう。
③太平洋戦争の開戦前とその後の国民生活で、大きく変化した点は何か説明しよう。
④学徒出陣で戦死した兵士たちの手記『きけわだつみのこえ』を読んでみよう。
⑤沖縄戦は、日本のほかの地域での戦いと、どのような点が大きく異なるか説明しよう。

日本戦歿学生手記編集委員会編『きけわだつみのこえ――日本戦歿学生の手記』（東大協同組合出版部）は戦没学生の手記で、一九四九年の刊行以来、多くの読者の心を捉えてきた。現在は新版が出され、七十四人の戦没学生の「こえ」に触れることができる。その新版の解説（「新版刊行にあたって」）には、次のような「思い」が記されている。

誰しもが平和を望んでいるのに、なぜ戦争を止めさせることができないのか。現代の人類にとっても、また日本人にとっても最も切実なこの問題を、わが身の問題として考えようとするとき、私たちは「わだつみ」の死者たちの生と死の意味をあらためて問い直さなければならなくなる。(5)

この『きけわだつみのこえ』を読んだ子どもは、戦没学生（兵士）の声とともに、徴兵制、学徒出陣、さらには特攻隊などを知ることだろう。この教科書には、学徒出陣壮行会（一九四三年、東京）の写真も掲載されている。そうしたことを通じて、「欲しがりません勝つまでは」という生活を強いられたあの戦争の実相も知るだろう。

出陣の学徒の名簿無しといふかかる理不尽知りしをののき
（鹿嶋市）加津牟根夫　「毎日歌壇」二〇一三年十二月二十三日

選者（篠弘）の「評」に、「昭和十八年末から十数万人に及ぶ。もとより戦死者の数も不明。若き生命が大事にされなかったことへの憤り」と記されている。

「戦時下の国民生活の様子」を調べる過程で、教科書に掲載されている写真（「愛国イロハカルタ」〔二二〇ページ〕、「竹槍訓練をする女性たち」〔二二〇ページ〕、「疎開先で食事をとる子どもたち」〔二二一ページ〕）の意味がより理解できるだろう。また欄外に解説されている「学問・思想・芸術・娯楽などでも自由がなくなり、天皇を神とあがめるようになっていきました」（二二〇ページ）という説明がどんなことなのか、治安維持法、言論統制などの治安体制の強化、さらには皇国民教育と合わせて、戦時下の生活の一端を知ることになるだろう。

そして、こうした「調べ」「トライ」の実践では、何よりも（学校）図書館資料が総動員されることになる。まずは歴史（日本史、アジア・東洋史、ヨーロッパ・アメリカ史、さらには戦後外交史など）であり、国防・軍事、地理、戦争記録、証言、資（史）料集、伝記、写真集・画集、辞典・事典、さらには文学書など、極めて多岐にわたる。

こうした「調べ」「トライ」は、教科書に記載された一文字一文字、一行一行の内容を「深化」「拡大」し、さらに次の学びへと「発展」させることに大きく役立つ。それはとりもなおさず、「教育課程の展開」をより豊かにすることである。

『中学校国語 三』を題材に

もう一つ、「中学校国語 三」（学校図書、二〇一一年二月二十八日検定済み、二〇一二年二月十日発行）を例にとる。この教科書には、井伏鱒二の名作『黒い雨』（一九六五年）が教材として載っている。そして物語の途中に、二ページにわたって丸木位里／丸木俊『原爆の図』（第八部、一九五四年）が掲載されている。「救出」と題された作品（第八部）の原画は横長の長方形で、教科書に掲載されているのは、そのほぼ左側の部分（約三分の二）である。[6] その（教科書に載っていない）右画面には、原爆直後の地獄のような広島の惨状が描かれている。悲しみ、絶望、怒りの形相、地面に倒れ込む人、座り込む人、ようやく立ち上がる人……。その背景は「赤」。炎に包まれたそのときを描いている。

いつまでも火は燃えつづけておりました。ようやく身よりの人を捜しては、人々は連れて帰りました。けれど、途中ことされていきました。（略）固パンを抱いたまま、娘は死んでいきました。（略）妻は夫を、夫は妻を、親は子を捨てて逃げまどわねばなりませんでした。（作品とともに載っている文）

そして、教科書掲載の左画面には、惨劇から出口に向かって進む人たち、すなわちこの作品のテーマである「救出」風景が描かれている。右画面の「非日常」に対し、「日常の世界への回帰」「日常性の復活」が描かれている。[7]

この教科書では、この作品を通じて「想像を超えた出来事の中での人間の姿」を捉えるという学びの視点が示されている。子どもたちは、この作品（『黒い雨』『原爆の図』）を学びながら、「想像を超えた出来事」「恐怖や異常な事態」（教科書の「学びの窓」）のなかで人間はどんなことを考え、どんな感情を抱き、体の状況はどうなるのか、さらにどのような行動をとるのかなどを考えることになるだろう。それは、「広島」だけでなく、「長崎（原爆）」も「東京（大空襲）」も、さらには「東日本大震災」をも思い描くことにつながるだろう。

当然、そうした「学び」の過程では、その「学び」を発展・深化させるための様々な教材が提示され、子どももそうした教材に導かれて、関連の資料を調べるために図書館資料を利用することになる。そうした過程を通じて、あらためて広島の「実相」を認識し、さらに広島に迫ろうとするだろう。その途上で、丸木俊の絵本『ひろしまのピカ』（〔記録のえほん〕、小峰書店、一九八〇年）や、原民喜『夏の花』（晶文社、一九七〇年）をはじめとする原爆文学が登場し、沖縄戦や東京大空襲に関する優れた文学作品や資料も必要となるだろう。

ヒロシマはもっともっと暑かった　たまり水吸う夏蝶の群れ
（福山市）武暁「朝日歌壇」二〇一三年八月二十六日

選者（高野公彦）の「評」に、「『あつい、水をくれ』と言いながら死んだ多数の被爆者を思い浮かべての作」と記されている。

「ヒロシマ」を知ることは、かつての戦争を知ることであり、現実を認識することであり、未来を構想することでもある。

■戦争の「惨禍」に学び、平和の構築を――『ゲン』を契機に考える

『ゲン』の提供制限が社会的な関心を呼んだ背景には、教育や社会が戦争や原爆あるいは平和とどのように向き合うかという問題があった。すなわち、戦争体験者が年々減少するなかで、「戦争を繰り返さないため、歴史を子どもにどう教えるのか」（「山陰中央新報」二〇一三年八月二十七日付）という問題と直面したからだった。第2章で紹介した松江市教育委員会会議でも、保護者の委員から、「今の保護者は戦争を経験していないので、子ども達にきちんと伝えることが出来る人が少ないという現状もある」との発言があった。

また、『ゲン』の提供制限が明らかになった八月十六日付の「高知新聞」は、「大戦終結から六八年が過ぎ、戦争体験の風化が懸念されている。（略）世界で初めて原爆が投下された広島でも事情は同じだ」として、同紙記者の十二日間の広島滞在のルポを載せている。「大分合同新聞」も、同県で終戦時に成人だった人は県人口のわずか三・一％という数字を挙げ、「減る戦争体験者」を報じている（二〇一三年八月十一日付）。指導者（教員）のほぼ全員に戦争体験がない今日、これは学校教育にも課せられた大きな課題でもある。

「中国新聞」は、「いま若い世代は戦争被害を自分のものとして実感できなくなっている。一方で戦争の悲惨さに目をつぶり、正当化しようとする空気もある。だからこそ原爆や戦争の負の側面をしっかり子どもたちに教えるべきだ」、そのためにも「もっと『ゲン』を読ませたい」（二〇一三年八月二十三日付）と「社説」で論じた。

平和国家としてわが国を再構築することは、日本国憲法の基本的精神である。憲法は、前文で「政府の行為によって再び戦争の惨禍が起ることのないようにすることを決意」「恒久の平和を念願」「平和のうちに生存する権利を有することを確認」と規定している。この「決意」「念願」「確認」の主体は、もちろん「日本国民」である。また教育基本法（二〇〇六年）も、教育の目的は「人格の完成を目指し、平和で民主的な国家及び社会の形成者として必要な資質」を備えた国民の育成であると規定している（第一条）。そのためには「戦争の惨禍」（憲法前文）がどのようなものだったか、その実情を子どもたちが、学校教育全体を通じてきちんと学ぶことが大切である。

原爆に引き付けて考えるなら、「一九四五年八月六日に広島、九日には長崎に、アメリカ軍は、原子爆弾を落としました。一発の爆弾で、いっしゅんにして何万人もの命がうばわれ、まちはふき飛んでしまいました」という先の教科書（前掲『新しい社会 六』上巻）の記述は、当然にも、「長くつづいた戦争」（日中戦争、第二次世界大戦、太平洋戦争）と不可分の関係にある。そうした関係を学ぶなかで、「一発の爆弾」の投下の意味が明らかになる。そして、その爆弾のもとで何が起こったのか、その爆弾によって広島の命と生活と未来がどのようになったのか、さらには、そうした「惨禍」のなかでもたくましく生き抜いていった広島の人たちについて学ぶことが、平和の構築のために大切なのである。

そうした学びの過程で、教材として『ゲン』が登場することは十分にありうる。この作品には、原爆の恐ろしさや戦争を繰り返さないというテーマが込められており、平和学習の教材としても活用されてきた。問題となった松江市でも「小学校の九割、中学校の八割が図書室などに配置し、修学旅行で広島市を訪ねる際の平和学習などに活用していた」（「山陰中央新報」二〇一三年八月十六日付）という。また被爆地広島では、広島市教育委員会の独自テキスト『ひろしまへいわノート』が、小学校三年で『ゲン』を採用している。被爆当時の広島の様子や家族の絆、生命の大切さを伝えるのがねらいだという。

最終日広島でみんな口数が少なくなった修学旅行

（東京都）上田結香　「朝日歌壇」二〇一三年九月二日

学校図書館が「教育課程の展開に寄与する」とは、こうした教師の教材開発を支援すると同時に、子どもの「学び」を螺旋状に高めていくことを意味している。当然、このことは、教育（学習）は、教科書や既定の副教材以外にも、多様な教材の存在なくして成り立たないことを意味している。その意味で、学校図書館が「教育課程の展開に寄与」する（学校図書館法第二条）という趣旨には、教育（学習）には多様な教材、学習材の存在が不可欠であることを含意している。学校教育が既定の教科書と既定の補助教材で事足りるなら、「教育課程の展開に寄与」するための学校図書館は必要ないのである。

2「健全な教養」の育成と学校図書館

■興味・関心の喚起、自己形成

学校図書館資料の不可欠性は、「教材」としての意義にとどまるものではない。学校図書館資料は、子ども個々人の疑問や興味に応えるとともに、子どもの思想形成・自己形成を支える素材としての意義をも有している。

日常の学校教育は、各学校で編成された教育課程を軸に展開される。しかし、教育課程の展開は、時間と空間に限定された「授業（教科活動）」や「教科外活動」だけによって完結するわけではない。そもそもその背後には、授業を根底から支え、発展させる要素である、子ども個々人の疑問や興味が横たわっている。授業はそうした疑問や興味にはたらきかけ、それを大きくし、その解決・発展を図ることにより、生彩を放つようになる。

そして、この疑問や興味は授業と結び付いているだけでなく、校内（外）生活のなかで、また自然や社会のなかで拡大する。知的世界、感性の世界は既存の学校教育の範疇を超えて広がり、また生活経験の拡大のなかで、その度合いも飛躍的に増大する。そしてまた、子どもの疑問や興味は「遊び」の世界にも広がっていく。疑問や興味がベースになり遊びが創られていく。

さらに、学校図書館資料は、子どもが一人の人間として自己の思想を形成し、自己を確立するうえで不可欠な素材である。自分の生き方をきちんと見据え、自分で考え、自分で判断できる——そうした過程が、自己の思想を形成し、自己を確立していく過程そのものなのである。

こうした疑問や興味への道筋、あるいは自己形成への道筋は様々である。そのなかでも、本（書物）はそうした道筋への重要な素材を提供してくれる。本を読むことによって疑問が解決された、本を読むことによって一層の興味がかき立てられた、本を読むことによって新たな感動を体験した、本を読むことによって自分の生き方を学んだ。こうした経験をもつ人は多い。

■「教養」の育成、読書の「力」

学校図書館法は、学校図書館の目的について、「教育課程の展開」への寄与とならび、「児童生徒の健全な教養を育成する」（同法第二条）ことを規定している。子どもの豊かな感性や創造性を培うために不可欠な読書、子どもの思想形成、人格形成に不可欠な読書、その読書に果たすべき学校図書館の役割を重視した規定である。

教養という概念は多義的である。『広辞苑』によると、「学問・芸術などにより人間性・知性を磨き高めること」と意義づけられ、外国語——culture（イギリス、フランス）、Bildung（ドイツ）——も付加されている。

そもそも教養という言葉の語源がラテン語のcultūra（耕作）に由来している——畑を耕すように人間の精神を耕す——ことからも明らかなように、教養という概念には、人間を「人格の完成」を目指した存在として位置づけ、そうした高みへと人間を導こうとする価値指向的意味が付与されている。学校図書館法は、そうした教養を学校図書館の機能を通じて育成しようとしたのである。これは、「教育課程の展開に寄与」（同法第二条）することとならぶ学校図書館への期待であり、とりわけ「読書」という営為を通じて教育目的を実現しようとしたものである。

その読書を通じて、子どもが獲得する「力」は多様である。例えば、次のような「力」の獲得が考えられる。

①世界と自分を知る力
②人間（愛、生、死、信仰など）を知る力
③人生を変える力
④他者を知る力
⑤創造・想像する力
⑥情緒や感性を豊かにする力
⑦論理的に物事を考える力

教育基本法は、子どもに「幅広い知識と教養を身に付け」させることを「教育の目標」の一つに掲げている（第二条第一号）が、その「幅広い知識と教養」は、教科学習だけによって身に着くわけではないだろう。そうした「力」は、「読む力」「書く力」などの「言語力」（文字活字文化振興法第二条）の育成とかかわっていて、「教育の課程全体」を通じて育成すべきものである。その過程で、学校図書館が重要な教育環境として登場する。そのためにも、学校図書館は質的に多様な読書材を豊富に備え、それらを日常的に子どもに提供する必要がある。それが成長・発達の個体としての子どもの「学び」を支援し、「人間」を育てていく「幅広い知識と教養」を身に着けさせることになるのである。

■読書を通じて、戦争・原爆、平和、そして命の尊さを知る

問題となった『ゲン』は、子どもたちにとっては、何よりもマンガという表現方法を通じての読書の対象であった。そこから得たことは様々だろう。戦争や原爆を知る、戦時中や原爆投下後の生活を知る、家族の絆を実感する、そして「ふまれてもふまれても強くまっすぐにのびる麦」のように困難にめげず生きる姿に自分を投影するなど、『ゲン』がもつテーマは多様である。それらのテーマが子どもや大人の心に訴える「力」があったため、世界二十カ国で出版され、一千万部を超えるベストセラーになったのだろう。「教材」としての『ゲン』だけでなく、読書対象としての『ゲン』から「何か」を感じた人は多い。

戦争の残虐性は残虐な描写がなければ描写できない

（岸和田市）西野防人　「朝日歌壇」二〇一三年九月二十三日

選者（永田和宏）の「評」には、「『はだしのゲン』を巡る問題は風化させてはならぬとストレートに詠う」、もう一人の選者（高野公彦）の「評」には、「『はだしのゲン』を率直に支持する歌」

と記されている。

『ゲン』を読んで、描写の残虐性から目を背けたくなる思いをしながら、戦争の恐ろしさ、罪深さ、地獄のような広島を感じた子どもも多いと思う。『ゲン』の提供制限を問われた鳥取県の平井伸治知事は、「『はだしのゲン』を通して戦争ということ、原爆ということについて非常に身近に感じた」と述べている(前掲「知事定例記者会見〔二〇一三年八月二十二日〕」)。

『ゲン』を挟んで、学年の発達段階に応じて戦争、原爆、そして平和を多面的に知ることも、「読書」がもつ力だろう。

『何をどう読ませるか』[8]という本がある。子どもの発達段階に応じた「読書の勧め」ともいうべき本で、全国学校図書館協議会から小学校低学年、小学校中学年、小学校高学年、中学校、高等学校向けに合計五冊が出版されている。各冊ごとに約五十点の本が紹介され、各冊にはお勧めの本の概略とともに、読書指導の視点から〈指導の要点〉〈指導の発展〉が記載されている。そして〈指導の発展〉には、各図書のテーマをさらに「発展」させるにふさわしい新たな「本」が紹介されている。以下、各冊ごとに一点を紹介する。

・小学校低学年　あまんきみこ作、上野紀子絵『ちいちゃんのかげおくり』(あかね書房)

〈指導の要点〉:平和の尊さと命の大切さ、温かい家族の愛情

〈指導の発展〉:今西祐行作、鈴木義治絵『一つの花』(ポプラ社)、松谷みよ子作、司修絵『ぼうさまになったからす』(偕成社)など

・小学校中学年　山口勇子作、四国五郎絵『おこりじぞう』（新日本出版社）
〈指導の要点〉：平和教育のために、現代の民話として、自分の意見や考えを持たせるために
〈指導の発展〉：松谷みよ子作、司修絵『まちんと』（偕成社）、丸木俊作・絵『ひろしまのピカ』（小峰書店）など
・小学校高学年　比嘉富子作、依光隆絵『白旗の少女』（講談社）
〈指導の要点〉：沖縄戦、戦争と人間、命の尊さと生きることの大切さ
〈指導の発展〉：手島悠介作、西村保史郎絵『飛べ！　千羽づる――ヒロシマの少女佐々木禎子さんの記録』（講談社）、大城立裕ほか作、長新太絵『対馬丸』（理論社）、筒井茅乃作、松岡政春／保田孝写真『娘よ、ここが長崎です』（くもん出版）
・中学校　高木敏子作、武部本一郎絵『ガラスのうさぎ』（金の星社）
〈指導の要点〉：作品が生まれた背景、戦争中の子どもたちの生活、敏子のけなげさとたくましさ、戦争放棄の喜び
〈指導の発展〉：早乙女勝元『わが街角』（新潮社）、同『東京大空襲』（岩波書店）など
・高等学校　平岡敬『希望のヒロシマ――市長はうったえる』（岩波書店）
〈指導の要点〉：ヒロシマの悲劇と今日の核状況、加害国日本とヒロシマの位置、希望のヒロシマ
〈指導の発展〉：土田ヒロミ撮影『ヒロシマ・コレクション――広島平和記念資料館蔵』（日本放送出版協会）、関千枝子『広島第二県女二年西組――原爆で死んだ級友たち』（筑摩書房）、大江健三郎『ヒロシマ・ノート』（岩波書店）など

小学校高学年で紹介された『対馬丸』は、実際の事件を題材にしている。太平洋戦争中の一九四四年八月二十二日、疎開する学童らを乗せて沖縄から九州へ向かう学童疎開船「対馬丸」が、途中、鹿児島県南方の悪石島付近でアメリカ海軍潜水艦の魚雷攻撃を受けて沈没した。軍命令で疎開する県民千六百六十一人を乗せていたが、生存者は百五十七人、また疎開者のうち八百余人は学童で、その大部分七百八十九人が犠牲になった。『対馬丸』は、この事件（「対馬丸事件」）を題材にしている。悲劇の沈没から今年（二〇一四年）で七十年を迎える。犠牲になった子どもたちとほぼ同年代の天皇・皇后両陛下は、悲劇を伝える記念館（対馬丸記念館、那覇市）などを訪問する方向で調整が進められているという（『NHKニュース』二〇一四年三月十八日）。

このなかでも、高等学校の『希望のヒロシマ』は、文学作品とは異なった読書対象である。一九九一年から広島市長を二期務めた平岡敬の作品で、「被害を訴えるだけではすまないヒロシマの不幸と苦悩」が語られ、戦争責任の問題と歴史認識とが不可分の関連にあることを示唆している。

また、各点ごとの《指導の要点》を見ると、一点の本に多様な要点が含まれていることがわかる。一冊の本を通じて、平和と命の大切さ、家族の結び付き、人間の尊さ、未来と希望を知っていく。一冊の本に導かれて、次の本へと興味を広げていく。そうした展開に、学校図書館は資料とサービスを通して応えていきたいものである。

■「子どもの頃の読書活動」の及ぼす影響

子どもがじっと本に向かっている。これはその本の世界に魅せられているからであり、その「読み」のなかに何よりも楽しみがあるからである。その読書は、既述したように結果として様々な「力」をもたらす。そして、その後の人生に大きな影響を与える。

本が好き時間も場所もとびこえて運んでくれる本が読みたい
（名古屋市）中村桃子「朝日歌壇」二〇一三年十一月十八日

「子どもの読書活動の実態とその影響・効果に関する調査研究」というのがある。国立青少年教育振興機構がおこなった調査[9]で、二〇一三年に報告書が出されている。この報告書の副題は「子どもの頃の読書活動は、豊かな人生への第一歩！」となっている。

どのような「豊かな第一歩」なのか。この報告書を読むと、読書がその後の人生に大きな影響を与えたことが報告されている。その概要を略述する。

①子どもの頃に「本を読んだこと」や「絵本を読んだこと」などの読書活動が多い成人や、現在までに「好きな本」や「忘れられない本」があると回答した成人は、一カ月に読む本の冊数や一日の読書時間が多い。
②子どもの頃に読書活動が多い成人ほど、「未来志向」「社会性」「自己肯定」「意欲・関心」「文化的作法・教養」「市民性」のすべてにおいて、現在の意識・能力が高い。
③子どもの頃に読書活動が多い成人は、子どもの頃の体験活動も多い。
④子どもの頃に読書活動が多い成人ほど、ボランティア活動に参加したことがある人の割合が多い。

「未来志向」とは、職業意識、将来展望、自己啓発に前向きあるいは積極的であること、「社会性」とは、共生感、規範意識、人間関係能力が豊かであること、「自己肯定」とは、自尊感情、充実感に肯定的であること、などである。

こうした傾向は、成人調査だけでなく、青少年調査にも共通している。

■「人生をより深く生き抜く力」

一九九九年に衆・参両院で決議された「子ども読書年に関する決議」は、読書の意義について次のように述べている。

> 本とふれあうことによって、子どもたちは、言葉をまなび感性を磨き、表現力を高め、創造力を豊かなものにし、人生をより深く生き抜く力を身につけることができる。(衆議院決議)
>
> 読書は、子どもたちの言葉、感性、情緒、表現力、創造力を啓発するとともに、人としてよりよく生きる力を育み、人生をより味わい深い豊かなものとしていくために欠くことのできないものである。(参議院決議)

読書によって培われたこうした「力」が、賢明な主権者たる国民を生み出し、わが国の民主主義を根底で支えることになる。学校図書館法は先述のように、学校図書館の目的の一つとして、子どもの「健全な教養」の育成を掲げている。その意義をこうした視点から捉え直すことは、教育でも極めて重要な課題であるといえる。

それだけに、学校で情報（特に読書）と深くかかわる学校図書館は、質的に多様な読書材（メディア）を豊富に備え、それらを日常的に子どもに提供することによって、子どもの成長・発達を支援していく役割を担っている。

注

(1)『日本大百科全書』第六巻、小学館、一九八五年、七八九ページ（執筆は武村重和）
(2) 中学校には外国語活動が、高等学校には道徳と外国語活動がない。
(3) 前掲『逐条　学校教育法』三〇二ページ
(4) 裏田武夫「学校教育における図書館の役割」「初等教育資料」一九八三年二月号、東洋館出版社、二ページ
(5) 日本戦没学生記念会編『新版　きけわだつみのこえ――日本戦没学生の手記』（岩波文庫）、岩波書店、一九九五年、五〇三ページ
(6) 丸木位里／丸木俊『原爆の図』労働大学、一九七八年
(7) 小沢節子『「原爆の図」――描かれた〈記憶〉、語られた〈絵画〉』岩波書店、二〇〇二年、一八一―一八二ページ
(8) 全国学校図書館協議会必読図書委員会編『何をどう読ませるか』第一―六群、全国学校図書館協

議会、一九九四―二〇〇〇年

（9）「成人調査」は二十代から六十代まで、ほぼ各千人余（合計五千二百五十八人）を対象に、二〇一二年二月に実施している。「青少年調査」は、中学校二年生三百三十八校（一万九百四十一人）、高等学校二年生二百七十八校（一万二百二十七人）を対象に、二〇一二年三月に実施している（「子どもの読書活動の実態とその影響・効果に関する調査研究　報告書〔概要〕」〔http://www.niye.go.jp/kanri/upload/editor/72/File/kouhyouhappyou.pdf〕［二〇一四年二月十四日参照］）。

第6章 「ファースト・アメンドメントは、ぼくのものになった」

1 『誰だ ハックにいちゃもんつけるのは』

■『ハックルベリー・フィンの冒険』

松江市教育委員会による『はだしのゲン』の提供制限を契機に、学校図書館からの資料の「排除」をテーマにしたアメリカの小説を思い出すことになった。ナット・ヘントフ[1]『誰だ ハックにいちゃもんつけるのは』(坂崎麻子訳〔集英社文庫〕、集英社、一九八六年)がその小説である。筆者は、この書の出版後、「文献解題」として簡単な書評を書いたことがある。[2]いまから約三十年前(一九八三年)にアメリカで刊行されたこの書は、『ゲン』の提供制限問題を考察するうえで様々な示唆を与えてくれる。

この作品は、アメリカ文学を代表するマーク・トウェインの『ハックルベリー・フィンの冒険[3]』

（以下、『ハック』と略記）が授業だけでなく、学校図書館からも追放されようとする、それに対して、合衆国憲法修正第一条（言論・出版の自由）を盾に、『ハック』を守ろうとした生徒・教師、そして図書館司書の連帯のドラマである。

■『誰だ ハックにいちゃもんつけるのは』

物語は、ジョージ・メイソン高校の歴史の教師が授業の補助読本として『ハック』を使おうとしたところから始まる。この教師は、『アメリカ民主制論』を第一テキストとして、何冊かの補助読本を使用する授業展開を予定していた。その第一が『ハック』だった。しかし、『ハック』には「黒んぼ」（nigger）という言葉が頻出していたことから、一部の生徒や父母からクレームがつく。(4)

ある生徒（黒人の生徒）の父親は、校長に会って抗議をする。「黒人の子供は、それを見るたびに侮辱を感じる、深い侮辱をね。そしてその上、この侮辱の下には、このあだ名に代表される、黒人に対する全く野蛮な態度があります」（前掲『誰だ ハックにいちゃもんつけるのは』四三ページ）。そして、さらに次のように主張する（以下、同書からの引用は 同書○○ページ と記す）。

授業に入れないだけじゃない。図書館にもおいておいてはならんのです。（略）図書館にあれば、生徒がふいと見つけ、読む。学校にあるものだからよいものだと思う。（略）この本は思うまま、害を与えることができる。ジョージ・メイソンには『ハックルベリー・フィン』の居場所など、ないのです。（同書四七ページ）

学校図書館からの『ハック』の排除要求である。こうした事態に直面した校長は、当該の歴史の教師に、『ハック』を「解決がつくまでは、授業では使わないでいただきたい」（同書六〇ページ）、また新任の司書には「決着がつくまでの間だが、図書館にあるこの本をみな集めて、机の下に入れてしまう、というのはどうでしょう？　借りにくる生徒があれば、今、ないと言う」（同書一〇八ページ）と提案をする。『ハック』に対する提供制限の指示である。父母からの排除要求を受け入れた校長は、次には自らが排除の具体的方法を指示したのである。

また、この校長はそれまでにも、父母からクレームがついた本を独断で生徒たちの目に触れないようにしていたことも判明する。さらに前任の学校司書から、レイプ、死体の切断などの話が載っている本が学校図書館にあることを知らされた校長は、その本の一部を破くなどの措置さえもとっていた。

こうした対応に対して、学校新聞の記者である生徒や歴史の教師、新任の図書館司書らは『ハック』を守るために、ファースト・アメンドメント（合衆国憲法修正第一条[5]）を盾に闘う。それだけに、この書は青春学園小説の体裁をとりながら、「言論・表現の自由」について正面から論じた内容になっている。

この本の原題は、『彼らが本を逮捕した日』（THE DAY THEY CAME TO ARREST THE BOOK）である。『ハック』への「攻撃」は、テレビと通信社の活発な報道によって全国的な話題となる。そして、この町は「嵐の目」「国民的詮索の的」（同書二三三ページ）となった。そうしたなか、教育委員会の責任者（議長）は、「今後は、この町は、本を逮捕する場所ってことになるんだ」「一冊の本が自由にゆきすることができない、ひとりの読者から、ほかの読者に自由にまわすことができないとなれば、その本は逮捕され、自由を剝奪されたってことでしょうが」（同書二三三―二三四ページ）という思いを抱くことになる。

この町では、本が有害かどうかはまず教育委員会が構成した調査委員会が調査した後、教育委員会が決定することになっていた。そして、『ハック』の調査をした調査委員会の結果（四対三で提供制限）を受けて開催された教育委員会の最終決定は、四対一でその提供制限扱いを解除した。「ジョージ・メイソンのクラスでも、図書館でも、ハックはいかなる制約もうけない」（同書二五三ページ）と、議長は結果を報告する。

■合衆国憲法修正第一条（言論・出版の自由）

民主主義社会の基盤を形成するのは、情報の自由な流れである。自己の人格を発展させる、民主制を維持・発展させる、「真理」を発見する――こうしたことの実現には、情報の社会的流通の確保が不可欠である。いわば「表現の自由」の確保である。アメリカでは「憲法修正第一条」に象徴される自由な言論とそうした言論への自由なアクセスの確保である。(6)

この言論への限りない信頼こそが、民主主義社会を担保する唯一の制度である。『ハック』をめぐる公開討論や調査委員会でのハック派の主張は、根本的にはそうした立場に立っている。校長から『ハック』の排除を要求された新任司書は、「自由」について次のように言う。

自由は危険なものであり得ます。実際に、とても危険です。けれども、自由の反対はさらに危険です。何千倍も危険です。（略）この国を建《つく》った人々は自由を選んだのです。危険は承知の上で選んだのです。（略）建国者たちは、それからのアメリカ国民が、さまざまに異なる意見のるつぼの中で、自分自身で決定できると信じていたのです。たとえ、言論の自由を利用して、この国を政府が何を読んでいいか悪いかを決めてしまうような国にしてしまおうと誘惑する人間が現れた時でも、なお、自由であり続けることができると信頼したのです。（同書二二八―二二九ページ）

こうした考えは、憲法修正第一条を守り抜いてきたアメリカの自由の証人たちの系譜を受け継いでいる。歴史の教師が校長に抗議をするなかで、同書の舞台となる「ジョージ・メイソン高校」の校名の由来を次のように述べる。

ジョージ・メイソン――いやしくも、わが校の名は、この人の名に由来します――は、こう言っております。一七七六年のことです。この年代をお忘れにならないように！（同書五六ページ）

一七七六年は、ヴァージニア権利章典（Virginia Bill of Rights）が出された年である。この宣言は世界最初の人権宣言で、万人が生まれながらにして有する権利（自然権）を宣言し、政府が信託に反して人民の権利を奪うときには人民に「抵抗権」を認めた宣言である。この宣言の起草者の一人がジョージ・メイソン（一七二五—九二）である。そのジョージ・メイソンは、合衆国憲法制定会議の代表を務めたことから合衆国建国の父の一人と見なされ、ヴァージニア権利章典を起草したことから「権利章典の父」とも呼ばれている。ジョージ・メイソン高校の校名は、その名にちなんでいるという。

そのヴァージニア権利章典（第一二条）には「言論出版の自由は、自由の有力なる防塞の一つであって、これを制限するものは、専制的政府といわなければならない[7]」と規定されている。この権利章典の十五年後（一七九一年）に、ハック派が根拠とする「言論・表現の自由」の保障をはじめとする合衆国憲法修正条項が成立している。

このヴァージニア権利章典を引いて校長に迫る歴史の教師に、校長は「このことは、出版の自由とは、なんの関りもないのではないですか？（略）出版の自由というのは、学校の図書館に、出版されたあらゆる本を置かなきゃならんということじゃない」（同書五六ページ）と反論する。それに対して、歴史の教師はこう述べる。「出版する自由は、出版されたものを読んではいけないと言われたら、なんの意味もない」（同書五七ページ）と。

「出版の自由の保障が学校図書館資料の収集に直結するものではない」という校長の指摘は、そのとおりである。図書館は出版された資料のなかから「選択」して、特定の図書を収集するのである。しかしそれに対する歴史の教師の反論は、出版の自由はその出版物を受け取る自由が含まれていることを強調している。いわば情報へのアクセス権、知る権利の確保である。

この書の著者ナット・ヘントフは、市民的自由、人種問題、九・一一テロ事件後の政治社会をめぐって、「自由」をテーマにした評論集を出版している。そのなかで、『ハック』を含む学校図書館蔵書の提供制限をめぐる訴訟で指摘された「中心問題」として、次の判決文を紹介している。

> 情報へのアクセスの自由は、表現・出版の自由にもともと含まれているものである。なぜなら、情報を提供する権利が存在するならば、その権利を保障するためには、情報を受けとる権利が存在していなくてはならないからだ。(8)

■権利を実感する、「不断の努力」

「本の中の言葉」が「ぼくの味方」に

今日では、わが国でも一般的となった情報へのアクセス権（知る権利）が、表現・出版の自由を保障した憲法修正第一条に「もともと含まれているものである。」という指摘は重要である。それだけに、この作品は、『ハック』の提供制限を素材に、合衆国憲法修正第一条が生活のなかでどのように生きているのか、「自由」とは何なのかを問う作品でもある。

> でも興奮するな。今まで学校で、こんなに興奮するってことなかった。ファースト・アメンドメントは、今や、ぼく個人のものになったんだ。本の中の言葉にすぎなかったのに、ぼくの

味方って気がする。(同書一五七ページ)

ファースト・アメンドメントとは、すでに述べたように憲法修正第一条のことである。右の言葉は『ハック』への「攻撃」に抗した、学校新聞の記者(ハイスクールの生徒)の言葉である。

憲法に規定された権利が自分の生活のなかで具体的に生かされ、憲法という「法典」が自分のなかに取り込まれていく(行動の指針となっていく)。その過程に生徒自らがかかわることによって、「本の中の言葉にすぎなかった」憲法が「ぼくの味方」になっていったのである。いわば、権利を具体化する行為によって、権利はぼくのものになっていったのである。その意味で、このドラマは一つの権利が単なる文字としてではなく、自分の内に取り込まれ、子どもが一人の人間として自立し、社会の決定に参加していく過程を描いており、本章第2節で検討する「子どもの権利条約」を先取りした内容にもなっている。

自立的人間、「参加」の主体

日本国憲法は、「この憲法が国民に保障する自由及び権利は、国民の不断の努力によつて、これを保持しなければならない」(第一二条)と規定している。この規定は、基本的人権は「人類の多年にわたる自由獲得の努力の成果」(第九七条)であるという規定と不可分の関係にある。この両条文に関連して、丸山真男の有名な「「である」ことと「する」こと」という論文を思い出す。丸山はいう。

私たちの社会が自由だ自由だといって、自由であることを祝福している間に、いつの間にかその自由の実質はカラッポになっていないとも限らない。自由は置き物のようにそこにあるのではなく、現実の行使によってだけ守られる、いいかえれば日々自由になろうとすることによって、はじめて自由でありうるということなのです。その意味では近代社会の自由とか権利とかいうものは、どうやら生活の惰性を好む者、毎日の生活さえ何とか安全に過せたら、物事の判断などはひとにあずけてもいいと思っている人、あるいはアームチェアから立ち上るよりもそれに深々とよりかかっていたい気性の持主などにとっては、はなはだもって荷厄介なしろ物だといえましょう。(9)

わが国の憲法では、基本的人権の享有主体は、子どもを含む国民すべてである。「国民は、すべての基本的人権の享有を妨げられない」(第一一条)という規定からも明らかである。そして、その基本的人権の性質は「人間が社会を構成する自律的な個人として自由と生存を確保し、もってその尊厳性を維持するため、それに必要な一定の権利が当然に人間に固有するものであることを前提として認め、そのように憲法以前に成立していると考えられる権利を憲法が実質的な法的権利として確認したもの(10)」である。

子ども自身が、本を読むことによって自己実現を図っていく、あるいは社会の構成員としてこの社会の様々な事柄にアクセスする、さらには真実とは何かを探究していく——そうしたアプローチは、成長・発達の個体としての自己をさらなる高みに導いていくプロセスである。そして、そうしたプロセスを社会的に保障することは、健全な社会を永続させるための重要な要件である。さらに、そのプロセスに、子ども自身を保護される「客体」としてだけではなく、自らを自立的人間として、すなわち参加する「主体」として位置づけることは、極めて大切である。『ハック』を守ろうとした生徒たちは、憲法修正第一条の権利を自ら行使することによって、成長・発達の個体として自らを確立していくことになったのである。

2「子どもの権利条約」と学校図書館

■子どもの権利条約の成立

長年にわたり、子どもは権利主体から遠いところにあった。しかし『ハック』は、小説の形をとりながらも、子どもが自立する過程で必要な諸権利について書かれた書でもある。そしてこの書は、「権利は、自分が行使することによって自己に引き付けることができる」ことをも教えている。

そこで本章との関連で、二十世紀後半に成立した「子どもの権利条約」を取り上げる。この条約には、学校図書館と密接にかかわる内容が多々含まれている。そこで本節では、子どもの権利条約と学校図書館とはどのような関係にあるのかについて検討を加える。

一九八九年十一月二十日、国連総会で採択された子どもの権利条約は、大人とは違う子どもの権利、成長・発達の権利としての子どもの権利、人類の未来の創造者としての子どもの権利などを地球的規模で保障することを目的に、国際社会が長い年月をかけて論議し、その共通の意思として採択したものである。それだけにこの条約は、一人の子どもが期待されかつ尊厳をもった人間として生きるのに欠くことができない様々な人権を規定している。

■子どもの権利条約の発効――「宣言」から「条約」へ

「子どもの権利に関する条約」(「子どもの権利条約」、Convention on the Rights of the Child、わが国での公定訳は「児童の権利に関する条約」)がわが国で発効したのは、一九九四年五月二十二日である。

子どもの権利が人類史で自覚されるのは、近代においてである。それ以前の世界(中世社会)では、フイリップ・アリエス(一九一四―八四)が、『〈子供〉の誕生』で述べたように、「子供期」という観念は存在せず、芸術においても子どもを描くことは試みられなかったという。[11] それだけに、〈子ども〉の発見は、近代社会が生み出した教育思想であり、子どもの権利にもつながる思想史上の「発見」であった。

「子どもの発見」に続く「子どもの権利」の主張の先駆は、フランスの啓蒙思想家ルソーに見ることができる。彼はいう。「人間がはじめ子どもでなかったなら、人類はとうの昔に滅びてしまったにちがいない」「大人になって必要となるものは、すべて教育によってあたえられる」「わたしたちは生きはじめると同時に学びはじめる。わたしたちの教育はわたしたちとともにはじまる[12]」と。発達可能態としての子どもの存在、学習することと生きることとの一体性を論じたこうした主張は、子どもの権利の承認が人類的規模で必要であることをも明らかにしたものだった。

しかし、世界が子どもの権利を地球的規模で承認するには、さらに一世紀半もの年月を要した。すなわち、スウェーデンの思想家エレン・ケイ（一八四九―一九二六）が二十世紀は「子どもの世紀」であると呼んだ[13]にふさわしく、子どもの権利が国際社会で具体的な形をとって実を結んでいくのは、二十世紀に入ってからのことである。

その最初は一九二四年、国際連盟総会で採択された「国際連盟・子どもの権利宣言（ジュネーブ宣言）」である。この宣言は、第一次世界大戦という「最悪」のものを子どもに与えたことの反省に立ち、戦争の惨禍にさらされた子どもを救済・保護することを目的に、人類が子どもに対して負う義務として、身体的・精神的両面での正常な発達の保障、飢餓や病気などからの救済など、五つの事項を掲げた。

しかし子どもの権利条約に大きな影響を与えたのは、一九五九年十一月、国連総会で採択された「子どもの権利宣言」である。同宣言は、ジュネーブ宣言の精神を受け継ぎながら、子どもを権利主体として捉える立場から、平等の権利、子どもの最善の利益の最優先、名前と国籍を取得する権利、社会保障を受ける権利、ハンディキャップを負った子どもに対する特別の治療・教育の義務、愛情ある環境下で成長する権利、教育を受ける権利など、十の原則を掲げた。

子どもの権利条約は、地球的規模でのこうした「子どもの権利の確立」という歩みを背景に、子どもの権利宣言の成立三十周年目にあたる一九八九年に採択された。それは二十世紀初頭から続いてきた子どもの権利の立法化・国際化の総仕上げであるとともに、二十世紀の最終コーナーで成立した国際的な人権条約でもあった。

また、「宣言」とは異なる「条約」の成立は、締約国に対して遵守義務を負う法規の成立を義務付けているので、子どもの権利を保障する実効性は、旧来に増して一段と高まったといえる。

■子どもの権利条約の骨格

子どもの権利条約は、前文と五十四カ条の本文から成り立っている。(14)

前文は、この条約が制定されるにいたった歴史的経緯や理念を規定すると同時に、本文を理解し解釈していく際の方向性を示している。具体的には、この条約が国際連合憲章（一九四五年）、世界人権宣言（一九四八年）、子どもの権利宣言（一九五九年）、国際人権規約（一九六六年）といった、戦後世界を主導した平和と人権に関する主要な宣言・規約と不可分の関係にあることを述べている。

次いで、本文にあたる五十四カ条は三部から構成されている。第一部は、子どもの権利の具体的項目を列挙した部分であり、「総論的部分」「生命・身体等に関する権利条項」「精神的・内面的発達と人間的自由の確保に関する権利条項」「社会的生存に関する権利条項」の四分野からなっている。第二部は、この条約を具体的に実行するための諸事項、例えば条約の広報義務、子どもの権利委員会の設置、締約国の報告義務などを規定している。第三部は、署名・批准・加入・効力発生・改正などの手続き的事項を規定している。

条約のなかで学校図書館と密接な関連を有する部分は、本文第一部に規定された「精神的・内面的発達と人間的自由の確保に関する権利条項」である。次に、これらの条項のなかから四項目について、学校図書館との関連を論じることにする。表現・情報の自由（第一三条）、マスメディアへのアクセス権（第一七条）、休息・余暇、遊び、文化的・芸術的生活への参加権（第三一条）、プライバシーの権利（第一六条）である。

■「表現・情報の自由」（第一三条）

まず第一三条である。「子どもは表現の自由への権利を有する。この権利は、国境にかかわりなく（略）あらゆる方法により、あらゆる種類の情報および考えを求め、受け、かつ伝える自由を含む」と規定している。

この規定は、民主主義社会にとって最も大切な表現の自由を、子どもに対しても保障しようとしたものである。しかもこの表現の自由は、情報を「発信する自由」にとどまらず、情報を「受領（求め、受け）する権利」、いわゆる知る権利をも包含した権利として保障されている。

国民が情報を入手する方法は多様であり、その入手目的も多岐にわたる。しかし情報化社会といわれる今日の社会は、情報量の爆発的増加だけでなく、情報それ自体が価値を有し、人々の行動を左右し、さらには権力操作の道具に使われる社会でもある。そのため、私たちが自己形成や民主主義社会の維持、生活の快適さなどを得るには、膨大な情報のなかから自己に必要な情報を自由に入手することが不可欠の要件となる。特に子どもは、多くの情報に触れながら大人へと成長していく発達可能態としての存在でもある。したがって、情報発信者としての権利だけでなく、情報を「受領する権利」（知る権利）が保障されることは、極めて重要なことである。

それだけに学校図書館は子どもの知的興味に応え、子どもの全面発達を保障するのにふさわしい多様な情報、しかも子どもの発達段階に対応した質的にも量的にも多様な情報を収集し、それを提供することが求められている。いわば、学校社会での子どもの知る権利を担保する制度的保障装置としての位置づけである。それが同時に、条約第一三条の「表現・情報の自由」を実質化することになるのである。

■「マスメディアへのアクセス権」（第一七条）

第二は、子どもが「多様な国内的および国際的な情報源からの情報および資料（略）へアクセスすること」を保障した第一七条である。

この条項は、第一三条が「あらゆる種類の情報」の入手を問題としているのに対し、「マスメディア」とかかわる情報の入手（アクセス）を問題にしている。こうした規定は、世界人権宣言（一九四八年）にも国際人権規約（一九六六年）にもなかったものであり、マスメディアの発達を前提にした、極めて現代的な人権規定である。

情報化社会といわれる今日の社会は、同時にマスメディア社会でもある。大人も子どもも、実に多くの情報をマスメディアから入手している。特にこうした情報は「新鮮さ」に満ちあふれ、時代の動きと密接に結び付いており、子どもにとっても魅力的で興味ある情報が多い。それだけに、学校図書館としても、こうした資料を積極的に入手し提供することが求められている。それはまた、学校図書館を活性化させる一つの方法でもある。

しかし第一七条は、「子どもの福祉に有害な情報および資料から子どもを保護する」必要性も規定している。マスメディア情報の多くは企業体としての出版・放送メディアから出されているため、ときには利潤追求に重きをおいたセンセーショナルで享楽的、あるいはプライバシーを侵害しかねない情報も多々含んでいる。それだけに、学校図書館としても、どんな情報を入手するかを常に考慮しておくことが大切である。

■「休息・余暇、遊び、文化的・芸術的生活への参加の権利」（第三一条）

第三は、子どもの休息権・余暇権、文化的・芸術的生活などへの参加権を保障した第三一条である。同条は、「子どもが、休息しかつ余暇をもつ権利、その年齢にふさわしい遊びおよびレクリエーション的活動を行なう権利、ならびに文化的生活および芸術に自由に参加する権利」を規定している。子どもが一人の人間として、精神的・肉体的にゆとりと潤いがある生活を営みうる権利を保障するとともに、締約国に対して、そうした生活への参加の保障とそのための環境整備を求めたものである。

そもそも人間は、すべての人に等しく与えられた一日二十四時間という時間をまず睡眠・食事などに使い、次に仕事・通勤・通学などに使い、そして、残余の時間を「自由時間」として使う。この自由時間は、多くの人々にとって最も人間らしい顔をもった時間である。それだけに、この余暇享受という行為がもつ人間性は、世界人権宣言第二四条でも「人はすべて（略）休息及び余暇をもつ権利を有する」として承認されてきた。

余暇の問題をこのように考えた場合、図書館はその目的からみて、余暇享受権の実質化と深い関係を有している。図書館法（一九五〇年）は公立図書館の目的の一つとして、国民の「レクリエーション」とかかわるサービス活動を内在化している（第二条一項）。

こうした事情は、子どもの読書にとっても同様である。奇想天外な想像力の世界、人間をとりまく自然や社会の姿、人間の尊厳性に訴える美しき心、正義・真理・真実へのあくなき追求などが展開される読書の世界は、子どもにとって自己の興味・関心を満たす世界であるとともに、楽しみの一つである。また同時に、（読書をも含めて）子どもが余暇を享受することは、それ自体が人格形成、あるいは人間的成長に不可欠であり、人間的なみずみずしさを培う大切な栄養素でもある。それだけに、子どもの楽しみとしての読書を大切にしたい。学校図書館は、その読書と最も近い場所にある。

■「プライバシーの権利」（第一六条）

第四は、「プライバシーの権利」を規定した第一六条である。同条は「いかなる子どもも、プライバシー、家族、住居または通信を恣意的にまたは不法に干渉されず、かつ、名誉および信用を不法に攻撃されない」と規定している。この条項は、子どものプライバシーや家族・住居・通信に対する恣意的な干渉を禁止するとともに、子どもの名誉・信用の保護を定めている。

プライバシーの権利は周知のように、サミュエル・D・ウォーレンとルイス・D・ブランダイス

(Warren & Brandeis) の論文「プライバシーの権利 (The Right to Privacy)」[15] (一八九〇年) を契機に、十九世紀末、アメリカで提唱された権利である。それ以来、この権利は種々の判例を重ねながら、今日では疑いもなく人権目録の一つに数えられるものになっている。わが国でも、「宴のあと」訴訟での東京地裁判決 (一九六四年) を契機に多面的な検討が加えられ、いまや「新しい人権」群のなかに位置づけられる権利としての地位を占めるにいたっている。

しかし、今日の情報化、IT社会でのプライバシー状況は、旧来のそれとは大きく異なっている。例えば今日、国や自治体、さらに企業には大量のプライバシー情報が収集されている。しかもそうした情報がときには本人の知らないまま社会に流出したり、誤った自己情報に対して訂正・削除ができないため、当該個人に不利益が生じるといった状況が起きている。したがって今日、プライバシー権にとって重要なことは、①自己に関する情報のうち、どんな情報が、どんな目的で、誰に収集され、それがどのように利用されているかを正確に認識すること、②こうした情報の目的外流出を防止できること、③あるいは過誤情報に対してすみやかに削除・訂正できるようにすること、である。

そのため近年、プライバシー権の定義についても、旧来の「ひとりにさせてもらう権利」と捉えるよりも、「自己情報をコントロールする権利」と位置づけるべきという考えが、有力に主張されるようになってきた。この考えは、自己と外部との関係を積極的に情報と情報との交流関係であると捉え、そのうえに立って、自己情報の流出を自己決定する、すなわち自己に関する情報を積極的に自らの支配下におこうとするものである。

その点、読書という行為は本来、個人的・自己内在的特質をもった、極めてプライバシー的性格が強い行為である。そのため、読書に関する情報もまた、プライバシーにかかわる情報そのものである。それを図書館利用との関連でみると、利用者が図書館資料の利用（閲覧・貸し出し・複写などのサービス）などと引き換えに図書館に提供した情報は、プライバシー情報と捉えることができる。

こうした問題を学校図書館に引き付けて考えてみると、学校図書館が収集・管理しているこうした情報には、図書館資料の貸し出し記録・レファレンス記録などがある。そして、これらの情報はすべて、子どもが図書館資料の貸し出し・レファレンスといったサービスの提供と引き換えに図書館に提供した情報であり、特定の子どもと特定資料との結び付きを示す情報である。そこで次に、こうした情報（記録）と子どものプライバシー権との関連について、若干の考察を加える。

まず第一は、図書館が利用者と特定資料とを結び付ける理由は、図書館資料の適切な管理が目的であり、利用者という個人を管理するためではないということである。すなわち、所蔵している図書館資料は、現在、当該図書館にあるか否か、あるいは貸し出しされた図書館資料は返却日までに返却されているか否かなどを確認し、それに基づいた適切な資料の管理をすることにある。こうした理由は学校図書館でも同様であり、子どもの読書傾向を調査するのが目的ではない。

第二は、図書館利用にともなって図書館に提供された読書記録は、個人の内面を表す記録であり、ときには思想形成・自己形成の過程を物語る記録でもある。したがって、このような記録は本来的に他者への流出が予定されていない情報であり、それ自体、プライバシー権の保護客体としての特性を備えている。そのため学校図書館としても、貸し出し記録などを目的外に使用することは避けなければならない。

第三は、教師と生徒との間の信頼関係とプライバシー権との関連についてである。教授者と被教授者との間での信頼関係の確立は、教育における基礎である。わが国ではしばしば、甲乙という二人の間の親密な関係を表す言葉として、「胸襟をひらく」とか「腹蔵なく」という言葉が使われる。しかしそうした関係は、甲が乙に対して意見の表明を強要したり、甲が乙に関する情報をこっそり入手するといった関係からは生まれてはこない。そうした関係は、両者の自由な意見交換や人間関係を基礎に、自己に関する情報の流出は自己が決定していく（個人情報に関する自己情報のコントロール）という状況のもとで生まれてくるものである。

第四は、貸し出し記録などをその収集の目的以外に利用するときは、記録の提供者たる子どもの了解や納得を必要とすることである。学校図書館は今日まで、学校環境のなかで比較的自由な空間であり続けてきた。それだけに学校図書館は、「何を読んだか」（内心の形成）を詮索されない自由な空気を大切にしたいものである。

おわりに

人間の尊厳とは、自己の身体と精神に対する自己統制の権利の留保であり、教育とは、自己を完成した人格に向けて陶冶していく過程である。

それだけに、今日のわが国の教育に課せられている課題は、子どもの人権を前提とした教育への転換であり、創造性(想像性)・個性・自主性などと関連する子ども像(人間像)の確立である。これらはいずれも、子どもを変革の主人公とすることによってなしえることである。

そうした視点に立って学校図書館を考察する場合、学校図書館が学校教育で占める不可欠的位置、創造性や自主性の育成とかかわる教育空間としての位置、情報の獲得・分析・加工の方法を修得する学習環境としての位置、生涯を通じた教育の基礎を形成する場としての位置、などを考えると、今日の学校図書館への期待は極めて大きい。それだけに、子どもの権利条約を生かした教育、そして学校図書館運営が期待される。

注

(1)ナット・ヘントフは一九二五年生まれ。ハーバード大学などで学ぶ。五〇年代から「ニューヨーク・タイムズ」などで発言、ジャズ批評家としても著名。若い人向きの著書に『ジャズ・カントリー』(木島始訳〔晶文選書〕、晶文社、一九六六年)、『ペシャンコにされてもへこたれないぞ!』(片桐ユズル訳〔文学のおくりもの〕、晶文社、一九七一年)、『ぼくらの国なんだぜ』(片桐ようこ訳〔ダウンタウン・ブックス〕、晶文社、一九八〇年)などがある。二〇〇一年には、「自由」をテーマにした評論集『アメリカ、自由の名のもとに』(藤永康政訳、岩波書店、二〇〇三年)が刊行されている。

(2)「学校図書館」第四百二十七号、全国学校図書館協議会、一九八六年、五四ページ

(3)マーク・トウェイン『ハックルベリー・フィンの冒険』は一八八四年にイギリスで、翌八五年にアメリカで出版。アメリカ南西部の田舎町《いなか》を飛び出した少年ハック・フィンは、逃亡中の黒人奴隷ジムとミシシッピ川をいかだで下りながら数々の冒険を重ねる。その冒険を通して、文明と自然の根源的な対立や奴隷制度、人種差別といった社会問題などに直面しながら、少年が人間的成長を遂げていく物語となっている。アーネスト・ヘミングウェイによって、「アメリカの近代文学というものは、この一冊の本に端を発しています。(略)あれ以前には何もなかった。あれ以後にも、肩を並べるほどのものは何もありません」(「アフリカの緑の丘」川本皓嗣訳、『ヘミングウェイ全集』第三巻、三笠書房、一九七四年、三四二ページ)と評された作品。

(4)『ハック』は、アメリカでは実際に頻繁に検閲の対象となってきた。その理由は「差別語の使用、人種差別」などである(ヘンリー・ライヒマン『学校図書館の検閲と選択』川崎良孝訳、青木書店、一九九三年、一八七ページ)。一九五七年九月、「ニューヨーク市の公立学校に通うアフリカ系アメリカ人児童・生徒の父母たちから、本作品が小中学校の必修教科書として選定されていることに異議申し立てがなされたのである。それ以来、この作品の黒人描写をめぐる人種主義論争がすでに半世紀以上続いている」という(朝日由紀子ほか編『マーク・トウェイン文学/文化事典』彩流社、二〇一〇年、二三ページ)。またハイスクールの生徒の母親が、『ハック』を含め「人種的中傷を含む本の読書を生徒に強いることは、憲法に違反する」として提起した訴訟(モンテイロ対テンプ合同ハイスクール学区事件)がある。しかし九九年十月、第九巡回区連邦控裁は、この訴えを退けている。「たとえ作品が人種差別であると非難されても、(略)内容に依拠して学校のカリキュラムから図書その他の文学作品を禁止する」ことはできないと判断した(前掲『学校図書館の検閲と選択』第三版、川崎佳代子／川崎良孝訳、京都大学図書館情報学研究会、二〇〇二年、八七―八八ページ）。しかしライヒマンは、同書で先の連邦控裁の判断を紹介した後、「アメリカのほぼすべての学校図書館が『ハックルベリー・フィン』を所蔵しているが、この点はほとんど問題なく受け入れられている。一方、授業の場合はそう簡単でない」とし、「教師がトウェインの意図をはっきりと伝えない場合、「ニガー」という語の恐ろしい力が生徒の心にまったく違った内容を伝えてしまう」ことを懸念している（同書八八ページ）。

（５）合衆国憲法修正第一条「連邦議会は、（略）言論および出版の自由を制限（略）する法律を制定してはならない」（高木八尺／末延三次／宮沢俊義編『人権宣言集』〔岩波文庫〕、岩波書店、一九五七年、一二〇―一二一ページ）

（６）しかし、アメリカでは二〇〇一年九月十一日のテロを契機に、テロ捜査を目的に、市民生活の多くの側面でプライバシー侵害などをはじめとした人権侵害への懸念が生じている。いわゆる「愛国者法」（USA PATRIOT Act、二〇〇一年）の制定である。また近年では、アメリカ中央情報局（ＣＩＡ）の元職員エドワード・スノーデンが「暴露」したアメリカ安全保障局（ＮＳＡ）などによる個人情報の監視は、アメリカの友好国の首脳の携帯電話の傍受問題にまで拡大した。もしこうしたことが事実なら、プライバシーの侵害だけでなく、それを通じて表現行為を委縮させ、知る権利を侵害することになる。憲法修正第一条と深くかかわることになる。

（７）この訳は、前掲『人権宣言集』一一一ページ。

（８）前掲『アメリカ、自由の名のもとに』四ページ

（９）丸山真男『日本の思想』〔岩波新書〕、岩波書店、一九六一年）一五五―一五六ページ。丸山真男

（一九一四―一九六）は、政治学者・思想史家。その学問は「丸山政治学」と呼ばれた。
（10）芦部信喜『憲法』岩波書店、一九九三年、七四ページ
（11）フィリップ・アリエス『〈子供〉の誕生――アンシァン・レジーム期の子供と家族生活』杉山光信／杉山恵美子訳、みすず書房、一九八〇年、三五、一二二ページ
（12）前掲『エミール』上、二四、三二ページ
（13）エレン・ケイ『児童の世紀』小野寺信／小野寺百合子訳（冨山房百科文庫）、冨山房、一九七九年。原著は一九〇〇年刊。
（14）以下、「子どもの権利条約」の条約文（日本語訳）は、「子どもの権利条約」（国際教育法研究会訳、子どもの人権保障をすすめる各界連絡協議会、一九八九年）を使用（永井憲一／寺脇隆夫編『解説・子どもの権利条約』所収、日本評論社、一九九〇年）。
（15）この論文は、「法律時報」第三十一巻第六号（日本評論新社、一九五九年、一八―二八ページ）に、外間寛訳で掲載されている。

第7章　検閲は「生徒の知的、精神的成長を妨げる」
――『学校図書館の検閲と選択』に学ぶ

1　学校図書館への「検閲」

■「アメリカの図書館は、いま。」から

アメリカの図書館事情のレポート「アメリカの図書館は、いま。」（「みんなの図書館」に連載）は、アメリカの図書館の最新情報が毎回掲載されていて興味深い。二〇一三年一月号には、アメリカの十代の読書傾向とクレームがつけられた本のリストが載っている。(1)

それによると、二〇一〇年から一一年に「高校生にもっともよく読まれた小説トップ20」は、古典も今人気の小説も多い。しかしその二十冊のリストには、「全米のみならず世界でもクレームがつけられた作品」十二冊に★印がついている。それらのなかには、わが国でも翻訳・出版されているハーパー・リー『アラバマ物語』（菊池重三郎訳、暮しの手帖社、一九六四年）、Ｊ・Ｋ・ローリン

グ『ハリー・ポッターと死の秘宝』(上・下、松岡佑子訳、静山社、二〇〇八年)、ウィリアム・ゴールディング『蝿の王』(平井正穂訳〔現代の世界文学〕、集英社、一九七三年)、ロイス・ローリー『ザ・ギバー――記憶を伝える者』(掛川恭子訳〔ユースセレクション〕、講談社、一九九五年)などが含まれている。実は、学校や学校図書館へのクレームは「二〇一〇―一一年度にALA知的自由部に寄せられた事例報告の約九割を占めている」という。ALAとは、本書でも何度か登場するアメリカ図書館協会(American Library Association)のことである。

また、同レポートには二〇一一年に「もっともクレームがつけられた本トップ10」も載っていて、邦訳された書(『みごとな新世界』〔渡辺二三郎訳、改造社、一九三三年〕、『アラバマ物語』など)も含まれている。クレームの理由は過激な性表現や不適切な表現、民族差別、宗教的偏見など、多岐にわたっている。

こうしたクレームに対して、図書館員や書店、出版社、ジャーナリスト、教師、読者など本にかかわる人々が年一回、「Banned Books Week(禁書週間)」というキャンペーン活動を実施している。検閲や禁止された図書を展示することで、読書の自由、合衆国憲法修正第一条(言論・出版の自由)の重要性、特に主流でない思想や不人気な思想を表現する自由、そうした思想にアクセスする自由を訴えている。開催場所は学校、公立図書館、書店などが多いという。(2)

■学校図書館蔵書への「検閲」

こうしたクレーム(検閲)は、ときには学校図書館蔵書にも及ぶ。アメリカでの学校図書館の検閲の実態を明らかにしたヘンリー・ライヒマンの『学校図書館の検閲と選択――アメリカにおける事例と解決方法』(Censorship and Selection : Issues and Answers for Schools) には、アメリカでは文学史上の古典・名作をも含めて、「ほとんど全ての資料」が検閲の標的となってきたことが記されている。日本でもなじみ深いウィリアム・シェイクスピア『ヴェニスの商人』(反ユダヤ主義、ユダヤ人へのステレオタイプ)、ウィリアム・ゴールディング『蝿の王』(暴力、悲観主義、病んだ作品、悪い言葉、粗野など)、ジョン・スタインベック『怒りのぶどう』(不道徳、猥褻、神の冒瀆、社会観、写実的すぎるなど)、アーネスト・ヘミングウェイ『武器よさらば』(野卑な言葉など) などは、そうした図書の一例である。[3] 第6章で紹介した『ハックルベリー・フィンの冒険』もその対象で、理由は差別語の使用や人種差別などである。

この書(『学校図書館の検閲と選択』)は、学校図書館資料へのクレームをどう考え、どう解決したらいいのかを考える際に、大きな示唆を与えてくれる。そこで、同書の紹介を通してこうした問題を考えてみたいと思う。なお、同書の初版は一九八八年に刊行され、その全訳(川崎良孝訳)が九三年に青木書店から出版された。そして第三版が二〇〇二年に刊行され、その全訳が同年に京都大学図書館情報学研究会から出版されている(川崎佳代子/川崎良孝訳)。筆者は初版が出たとき、同書の書評を書いたことがある。[4] この書評を基礎に、第三版をも含めて紹介する。

■検閲の諸事例

『学校図書館の検閲と選択』が対象としている検閲の領域は、学校図書館蔵書だけではなく、教科書をはじめとする教材資料、生徒新聞、課外活動、インターネットなど多岐にわたっている。そして、同書の基本的枠組みは、こうした分野での検閲の具体的例を詳細に論じた前半部と、そうした検閲への具体的対処法を述べた後半部との二部から構成されている。

同書が論じている前半のテーマは、検閲に関するもろもろの問題、すなわち検閲される主題や資料、検閲の危険性、さらには検閲者の思想や行動についてである。

まずは検閲の定義について、次のように述べる。

検閲者の基準に照らして道徳的その他の理由で不愉快とし、画像、思想、情報からなる文学的、芸術的、教育的な資料を除去、抑圧、あるいは流通を制限することをいう。(略)要するに検閲とは、だれかが「私が嫌いなので、あなたはこの雑誌や本を読んだり、あのフィルムやヴィデオテープを見たりしてはならない」と述べることにすぎない。(5)

この検閲者には、政府関係者だけでなく、市民、市民グループも含まれるという。

次に、アメリカ社会での検閲攻撃についても、その実態が赤裸々に述べられている。例えば、検閲問題はアメリカ全土で増大傾向を示しているという。リベラルな公益グループ「アメリカの人びと」が刊行している年次報告「学ぶ理由への攻撃」(一九九四—九五年)によると、図書や学校プログラムへ四百五十八件の攻撃(内訳は、教室や図書館からの図書の除去の試みが三百三十八件、「公教育への広範囲な挑戦」が百二十件)があり、しかも図書の除去を求めた事件の五〇%(百六十九件)が資料の除去に成功しているという[6]。

なぜ「検閲者」は検閲を試みようとするのか。同書は、検閲者の動機についても詳細に類型化している。そこにあげられた理由は、政治的イデオロギー、「みだらな」語、冒瀆、性的関心、暴力、「世俗的人間主義」、魔法とオカルト、創造論、人種差別や性差別など、極めて広範囲にわたっている。特に、不適切な言葉や猥褻、ポルノ的な言葉、いわゆる「みだらな」語を挑戦の理由にあげるケースが多いという。そして多くの場合、言葉の問題は「道徳的価値」と密接に絡んでいるという。「旧来の家庭や伝統的な道徳原則を促進していないとか、それらに敵対的という理由で、作品が挑戦される」という。日本でも人気となったＪ・Ｋ・ローリング『ハリー・ポッター』シリーズ（一九九九―二〇一〇年）の何冊かも、学校図書館からの除去要求の対象になっている[7]。

しかし、検閲に対する著者の基本的スタンスは一貫している。まず検閲を容認できない理由については、随所で述べている。次のようなものである。

> 知識を獲得し真実を探究する過程で、生徒は識別と選択を学ぶ。それは証拠に照らして理性的で論理的な決定をするためである。一部の住民に不快という理由で教室や学校図書館から図書を除去すれば、生徒は論争的な思想や画像に対処する無難な方法として、抑圧を考えるようになろう。
>
> 教育の目的は、生徒を承認済の思想や情報に曝すことを保障するだけではない。自分で知的な

探究をするという精神も植え付けねばならない。要するに教育の目的は、生徒に考えることを教えることにある。これが可能なのは、多種多様な対立する思想、画像、見解を提供する場合に限る。検閲はこうした教育目的に反する。(8)

検閲は、寛容や知的自由といった民主的な「根本的価値」を傷つけるとともに、教育に「不毛な画一性を作り出し、生徒の知的、精神的な成長を妨げる」(9)からだと述べる。

一人の人間の人格形成や思想形成の過程は、多種多様な情報(価値)に触れながら、その情報を選択的に入手していく過程でもある。そのとき、特定の情報を特定の個人や団体の嫌悪感(「私が嫌い」)で排除することが、「生徒の知的、精神的な成長を妨げる」ことにつながるという指摘は重要である。

が同時に、「検閲志願者」に対しても、ライヒマンは次のように述べる。「親などが教室や図書館の資料に反対することは、民主的過程や教育過程にとって重要で価値あることとみなすべきである」、なぜなら「挑戦の過程自体は、正当にして重要な意思疎通の手段である」(10)からだと。

ここにはまた、多元主義に基づく他者の思想や信条に対する寛容な態度が述べられている。

さらに、「自己検閲」の問題についても論じている。「問題となりそうな資料は最初から収集しない」「問題となった図書はただちに書架から撤去する」という自己検閲への誘惑は、検閲問題が発生したとき、最も警戒すべき事項の一つである。実際、ある図書館員は「大多数の検閲は図書館員自身による」と述べているという。検閲問題が教師や図書館担当者を委縮させ、論争的な図書や教材への接近を阻みやすいのである。ある教師は、「電話がかかりそうな資料は使用しない」「挑戦されても勝つと思うが、消耗したくない。会議の連続、いやらしい電話、脅迫じみた噂で疲れ果て、私が達成したいことを奪い取るからだ」と説明しているという。こうした事態は事実が顕在化しにくいだけに、「外部からの検閲に劣らず、教育への大きな脅威[11]」となる。

しかしこの自己検閲について、著者は次のように述べる。「多くの場合、騒がしさや激怒は実のところ何の意味もない。検閲者には教育、すなわち民主主義のやり方での教育が必要である」、そして一方で「教育者にも教育が求められる。問題と問題の処理法を十分に理解しないなら、誤った闘いをしたり、自己検閲という泥沼に沈んだりすることになろう[12]」と。

2「検閲」への対処方法

■資料選択方針の確立──「防衛の武器庫」

検閲への闘いでは、「問題と問題の処理法の十分な理解」が不可欠となる。そのため、同書が論じる後半のテーマは、検閲に対する具体的対処法、例えば、こうした検閲から図書館資料や教材資料を防御するための資料選択方針の作成方法、さらには攻撃が発生したときの対処方法や法律（裁判）上の扱いなどについてである。この部分は極めて実務的・具体的であるだけに、実際の問題処理にあたって多くの示唆を与えてくれる。

第一に、各学校システムは検閲攻撃からの防衛のために、教科書、図書館蔵書、雑誌、フィルムなどあらゆる教育資料や図書館資料の選択について、包括的かつ文書化された資料選択方針をもつ必要性を強調している。「学校が検閲志願者と対峙した瞬間に、防衛の武器庫が利用可能でなくてはならない」[13]。その際に、資料選択方針は「検閲からの防衛に役立つ」、すなわち「防衛の武器庫」になるのである。

そして、文書化した方針は、次の三点で欠かせないと述べる。①明確な方針がない収集は非専門職的であるし浪費となる。資料の内容が重複したり、教育の変化と無関係に選ばれたりする。②文書化した方針は安定性と持続性を高める。職員には出入りがあるが、最新の状態に保った方針マニュアルや手続きマニュアルは、組織に変化が生じた場合に円滑な移行を助けるにちがいない。③学校の方針が誰もがわかるように明確かつ簡潔に示されていると、あいまいさや混乱がはるかに減少する。これらの三つの理由は、極めて明瞭で説得的である[14]。

その資料選択方針の基本構成要素には、次の事項が含まれることが必要であると述べている。①選択に関する哲学と目標、②資料選択の責任を専門職員へ委譲しているという声明、③資料選択に関する規準、④選択の具体的手続き、⑤挑戦された資料の検討手続きなどである。このほかに、「論争的な資料」の収集に関する選択方針は、『ゲン』の提供制限問題を考える際の参考にもなる。ここでは、①民主的社会での多様性、多元主義、寛容の重要性に関する声明を書き込む、②教師と生徒は偏向や偏見にとらわれずに論議する権利と責任を有することを入れる、ことを力説している。

そして、さらに次のように述べる。

多様で「均衡のとれた」図書館蔵書を求めるべきだが、絶対に方針声明には個々の作品が客観性や事実の正確さについて一定の基準に合うべきだと書き込んではならない。論争的領域でしばしば問題になるのは、まさに「客観性」の定義である。論争的問題について図書館蔵書は、はっきりと対立する見解の作品を組み込むべきである。論争を超越していたり、さまざまな意見を公平に記している作品だけを入れてはならない。(15)

■具体的な対処法――「パニックに陥るな」

第二に、検閲問題が発生したときの具体的な対処方法について述べている。①職員に十分に経過を知らせる、②メディアとの関係を調整する、③意思疎通を維持する、④法律顧問が参加する、などの具体的手立ては、あらゆる組織の「危機管理」に共通の要件といえるだろう。

ライヒマンは、「本書で概括した方針や手続きに従っていれば、苦情の圧倒的多数は大きな論争にいたらずに解決する」という。しかし検閲事件が危機の段階にいたるほど脅威的なこともあり、その際の対応について、次のような例を示している。①すべての当事者が守るべき第一原則は、「パニックに陥るな」。②苦情取り扱いには、学校運営に関するあらゆる種類の苦情取り扱いと同じように、丁寧で冷静な対応が不可欠である。③苦情を受け取った最初の人の対応は、聞くことである。苦情者の動機を見つけ出し、苦情者が当の資料や教育実践をどのように理解しているか探り出す。これらの例は、図書館資料に対する苦情（検閲）だけでなく、日常的に学校に持ち込まれる「苦情」の対応で不可欠な要件でもある。(16)

■法律上の扱い

そして第三に、「法律上の扱い」についてである。アメリカでは、様々な学校図書館資料や教育資料の適否については、しばしば司法的判断に委ねられてきた。宗教、進化と創造、生徒新聞、インターネットなどだが、その方向性は必ずしも一様ではない。

そうしたなか、同書は「ピコ事件」を紹介している。(17) 教育委員会（ロングアイランド〔ニューヨーク〕）がおこなった学校図書館からの蔵書の除去（「反アメリカ的、反キリスト教的、反ユダヤ主義的、卑猥という理由」）に対して、同学区の一人の中学生と四人の高校生が、この措置を「自分たちの権利を侵すもの」として訴訟に持ち込んだ事件である。訴訟は、合衆国最高裁の判断にまで進んだ。最高裁の判決は、絶対多数意見を構成できなかったが、ライヒマンは、最高裁が合衆国憲法修正第一条（言論・出版の自由）に関して示した判決として「過去二十年間で最も重要なものの一つである」と述べている。

この判決で多数意見を書いたブレナン裁判官は、「市民は思想へのアクセスによって、言論の自由や出版の自由という権利を有意義に行使できる。同じように生徒も思想へのアクセスによって、多元的で異論の多い社会に積極的かつ上手に参画する準備ができる。生徒はすぐに社会の成人構成員になる」とした。そしてさらに判決のなかで、「教育委員会は学校図書館の内容を決定する大きな裁量権を持つ。しかしこの裁量権を、偏狂な党派的、政治的なやり方で行使してはならない」と判示している。

この「ピコ事件」最高裁判決は、「公立学校図書館での検閲に関する最も権威ある判決」とみなされ、ほかの文献でも紹介されている。[18] そこでの解説によると、判決は「思想を受け取るという権利は、受領者自身の言論、出版、政治的自由の権利を有意義に行使するについて、必要な属性である」と指摘し、学校図書館を生徒が「探究、研究、評価の」自由を行使する主要な場と確認しているという。また判決は、図書館資料に対する教育委員会の裁量や制限を認めながらも、「図書の除去の決定的要因が、図書に含まれている思想への反対、政治、宗教、その他の意見に正統な意見を強いろうと願うものであれば、そうした除去の決定は憲法に違反する」と判示しているという。

3　わが国の問題に引き付けて

■アメリカにおける「学校図書館と知的自由」――日本への紹介

アメリカでの学校図書館資料や教材資料をめぐる問題は、これまでに多くの研究者によってわが国に紹介され、詳細な分析がされてきた。

日本図書館協会図書館の自由に関する調査委員会は「図書館と自由」というシリーズを刊行して

いるが、その第五集で「学校図書館と図書館の自由」を特集している。そのなかに、大滝則忠「学校図書館蔵書をめぐる憲法問題の状況[19]」が所収されている。大滝によると、この事件（アイランドトリーズ事件）の最大の争点は「地方教育委員会による中学・高校図書館から蔵書を除去する自由裁量権の行使に対して、修正第一条が制約を課しているかどうか」についてだという。そして、連邦最高裁の多数意見は、修正第一条での制約があるとして、「地方教育委員会が単に図書に含まれている思想を好まないという理由で学校図書館蔵書を除去したり、その除去によって、政治、国民精神、宗教またはその他の意見の分かれる問題で何が正統であるかを指図することを求めてはならない」と判断し、「生徒が思想を受ける権利を持つ」ことを強調しているという。大滝はこの判決を、アメリカでの学校図書館蔵書をめぐる事件のなかで「最高裁が初めてこの分野の問題に本格的に立ち入って判断した」ものと評している。

また、この「図書館と自由」第五集には、アメリカ図書館協会などが実施した調査報告が、常盤繁と根本彰の共訳で掲載されている。「「学校図書館および教室のための図書・資料の選択——手順、異議申し立て、対応」に関する調査概略報告[20]」である。こうした調査がわが国に紹介されたなかでも、早い時期のものだろう。そこには、『学校図書館の検閲と選択』で列挙されたのと同じような「検閲」（異議申し立て）の事例が具体的に紹介されている。一九七八年のケースだが、「全回答者千八百九十一人の五人に一人以上（二二・四％）が、自分の所属する、あるいは管轄下にある学校で、教材ないし図書館資料に対して異議申し立てがあったと答えている」という。

こうしたアメリカの学校図書館蔵書と知的自由の問題は、一九九〇年代前後から川崎良孝（現・

京都大学大学院教育学研究科教授）の一連の研究によって、わが国に本格的に紹介されるようになった。

まずは何より、アメリカ図書館協会知的自由部編『図書館の原則』の翻訳・刊行[21]によって、アメリカ図書館協会の知的自由に関する原則を知ることができるようになった。特に第三版と第五版では「学校図書館の検閲と裁判」が取り上げられ、学校図書館をめぐる知的自由の問題をより深く理解することができる。同書に載っている「学校図書館メディア・プログラムの資源やサービスへのアクセス」は、『ゲン』の提供制限問題に現れた学校図書館資料、学校図書館担当者のありように大きな示唆を与えてくれる。例えば、同書は次のように言う。

学校図書館メディア・プログラムは、情報や思想に自発的にアクセスする場として奉仕している。また、多元主義の社会にあって、生徒が批判的な思考力と問題解決能力をつける学習実験室としても奉仕している。

学校図書館メディア・スペシャリストは、生徒のニーズ、それに生徒の発達や成熟の水準に適した蔵書を作り上げるために、他の人びとと協力する。

蔵書構成過程にかかわる学校コミュニティの構成員は、資源を選択するについて、自分の個人的、政治的、社会的、宗教的な見解に拘束されない教育的規準を用いる。[22]

川崎良孝の著書『図書館の自由とは何か[23]』には、図書館と知的自由に深くかかわる重要事件十件が紹介されている。そのなかには、「教育委員会は自由に本を除去できる：プレジデンツ事件（一九七一―七二年）」、「教育委員会は勝手に本を除去できない：ミナーシニイ事件（一九七二―七六年）」という、学校図書館蔵書をめぐる二つの事件が解説されている。さらに、本章で紹介した『学校図書館の検閲と選択』『学校図書館で知的自由を擁護する』の翻訳・刊行なども通して、アメリカの学校図書館と知的自由について広く知ることができる[24]。

こうした先行研究を見ると、アメリカの学校図書館蔵書の問題は、しばしば合衆国憲法修正第一条（言論・出版の自由）と関連づけて理解されてきたことがわかる。『学校図書館の検閲と選択』でも、検閲問題と修正第一条との関連が各所で論述・紹介されている。それらをみると、同書での検閲問題に関する理論的・実践的な到達点は、そうした事例（検閲との闘い）の一つひとつの積み重ねのうえに成り立っていることを知ることができる。それは、同書を刊行したアメリカ図書館協会が公権力や社会的諸勢力による図書館蔵書に対する攻撃（検閲・排除要求、ラベリング要求など）といった厳しい緊張関係のなかで、「図書館の権利宣言」を確立していった過程そのものとも符合するものである。

■わが国の学校図書館との関連

わが国では、学校図書館資料が社会的関心事になることはあまりなかった。そうした状況のなかで一九八〇年代（一九八一年）に、管理職の一方的介入によって高等学校図書館の図書が購入禁止になったことがある。「愛知県立高校図書館における選書への介入事件」である。黒柳徹子『窓ぎわのトットちゃん』（講談社、一九八一年。芸能人が書いた本だから）、澤地久枝『妻たちの二・二六事件』（中央公論社、一九七二年。〝女〟だから）、大江健三郎『同時代ゲーム』（新潮社、一九七九年。著者がアカだから）などが禁書の対象になり、社会的にも大きな話題になった。(25)

わが国では、教育資料に関する社会的関心は「教科書検定」を除けば希薄であり、特に学校図書館資料は親や子どもの大きな関心事になってこなかった。第1章で紹介した松江市教育委員会による『ゲン』の提供制限は、そうしたなかにあって、改めて学校図書館資料が社会的にも大きな関心を呼ぶきっかけになった。

わが国での図書館と知的自由の問題は、「図書館の自由に関する宣言」を軸に「図書館の自由」の問題として論じられてきたが、「学校図書館の自由」に限定すれば、その取り組みは理論的にも実践的にも豊かではない。しかし、多元主義社会では、市民相互の間で価値観が相違する。そのため、学校図書館資料に関しても市民・保護者はその是非について異なった意見をもち、それがときには、「排除」要求につながることが予想される。『ゲン』の提供制限問題を契機に、こどもの情報入手権（知る権利）、学習権、親の教育権、また学習指導要領の法的拘束力などの憲法論、さらには現実の学校図書館のありようの検討といった課題をも重ねながら、こうした問題についての論議がさらに深まっていけばと思う。

注

（1）井上靖代「アメリカの図書館は、いま。（六十八）アメリカの図書館戦争のいま」、図書館問題研究会編「みんなの図書館」二〇一三年一月号、教育史料出版会、六二―六六ページ
（2）「禁書週間」は一九八二年から始まった。現在は、九月の最終週に実施されている（川崎良孝／安里のり子／高鍬裕樹『図書館員と知的自由――管轄領域、方針、事件、歴史』京都図書館情報学研究会、二〇一一年、三九ページ）。
（3）これらの例示と理由は、同書初版の注に載っている（前掲『学校図書館の検閲と選択』〔青木書店〕、一八七―一九〇ページ）。
（4）日本図書館研究会編「図書館界」第四十六巻第一号、日本図書館研究会、一九九四年、三八―三九ページ
（5）前掲『学校図書館の検閲と選択』第三版（京都大学図書館情報学研究会）、四―五ページ
（6）同書一三ページ
（7）同書四九―九〇ページ。なお次の文献が『ハリー・ポッター』への検閲とその理由について論じている。川崎佳代子／川崎良孝「〈研究ノート〉ハリー・ポッター・シリーズへの検閲とその理由」「京都大学生涯教育学・図書館情報学研究」第九号、京都大学大学院教育学研究科生涯教育学講座、二〇一〇年、八九―一〇七ページ
（8）前掲『学校図書館の検閲と選択』第三版（京都大学図書館情報学研究会）、六―八ページ
（9）同書六ページ

(10) 同書八―九ページ
(11) 同書二四―二五ページ
(12) 同書二六ページ
(13) 同書九一ページ
(14) 同前
(15) 同書一〇〇ページ
(16) 同書一〇九―一一六ページ
(17) 同書一二六―一二七ページ
(18) パット・R・スケールズ『学校図書館で知的自由を擁護する――現場からのシナリオ』川崎良孝／久野和子／福井佑介／谷口智恵訳、京都図書館情報学研究会、二〇一〇年、一二三―一二六ページ
(19) 大滝則忠「学校図書館蔵書をめぐる憲法問題の状況――資料・アイランドトリーズ事件」、日本図書館協会図書館の自由に関する調査委員会編『学校図書館と図書館の自由』(「図書館と自由」第五集)所収、日本図書館協会、一九八三年、七六―一〇五ページ。なお大滝はこれ以前にも「図書館蔵書の扱いと憲法問題――学校図書館をめぐる合衆国判例の紹介(短報)」(「レファレンス」第二十五巻第四号、国立国会図書館調査及び立法考査局、一九七五年、一二〇―一二五ページ)で、ピリ・トーマス『貧民街』(一九六七年)の学校図書館からの「除去」をめぐって争われた事件(プレジデンツ事件)を紹介している。アメリカでの学校図書館蔵書をめぐる司法判断を紹介した論文としては、わが国で非常に早い論文だと思う。また大滝が紹介した「アイランドトリーズ事件」については角替晃「公立学校図書館の図書排除と第一修正の権利」(「ジュリスト」第七百九十三号、有

斐閣、一九八三年、六六―六九ページ）がある。法律専門誌に掲載された早い時期の論文である。

（20）「学校における図書・教材に対する制限　米国の公立学校における図書その他の教材――選択の方法と除去の実態」、前掲『学校図書館と図書館の自由』所収、五〇―七五ページ

（21）『図書館の原則』は、わが国では第三版の翻訳・刊行（『図書館の原則――図書館における知的自由マニュアル』〔「図書館と自由」第十二集〕、日本図書館協会、一九九一年）以来、第八版（前掲『図書館の原則』二〇一〇年）まで改訂・刊行されている。翻訳はいずれも川崎良孝ほか訳である。

（22）『図書館の原則 改訂三版――図書館における知的自由マニュアル』第八版、川崎良孝／川崎佳代子／久野和子訳、日本図書館協会、二〇一〇年、一〇八―一〇九ページ

（23）川崎良孝『図書館の自由とは何か――アメリカの事例と実践』教育史料出版会、一九九六年

（24）前田稔／川崎良孝「アメリカにおける学校図書館蔵書をめぐる裁判事例」（「京都大学生涯教育学・図書館情報学研究」第二号、京都大学大学院教育学研究科生涯教育学講座、二〇〇三年、一〇一―一三四ページ）には、学校図書館をめぐる十一の事例が事件の概要、判決とともに紹介されている。そこでは、本章で取り上げた「ピコ事件」についても、地裁、上訴裁、最高裁の各判決が紹介されている（同誌一二〇―一二六ページ）。

（25）日本図書館協会図書館の自由に関する調査委員会編『図書館の自由に関する事例三十三選』（「図書館と自由」第十四集）、日本図書館協会、一九九七年、三四―四〇ページ）。なおこの頃（一九八四年）、千葉県の公立高校で校長らの判断によって、図書や新聞が「禁書」扱いされていたことも報道された（「氷山の一角が見えた高校の購入禁止図書」「朝日ジャーナル」一九八四年十一月三十日号、朝日新聞社、九六―九七ページ）。

第8章　「書物を焼くものは、早晩、人間を焼くようになる」

1 『アンネ』、相次ぎ破られる

■『アンネの日記』、相次ぎ破られる――都内図書館

「アンネの日記、次々破られる　関連含め二百二十冊　都内の公立図書館被害」（「朝日新聞」二〇一四年二月二十一日付）

二〇一四年二月、都内の図書館で『アンネの日記』が破られる（破損）という事件が報道された。「読売新聞」（二〇一四年二月二十一日付）は「アンネの日記、相次ぎ破られる…都内図書館」、「毎日新聞」（二〇一四年二月二十一日付）は「アンネの日記――関連本破損、東京の三市五区で二百九十四冊被害」と全国各紙が報じている。各紙の報道に若干の相違はあるものの、「練馬区では、一月下旬に利用者の申し出で被害が発覚」（「読売新聞」）した、「豊島区では、昨年二月と五月に計七冊

の破損を発見。今年一月下旬以降に、新たに五冊の破損が見つかった」(「毎日新聞」)という。さらに被害は、同書のほか、アンネ・フランクの伝記やホロコースト(ユダヤ人大虐殺)などの関連書にも及んでいる(「読売新聞」)。

被害にあった各図書館は警視庁に被害届を提出、警視庁は二月二十四日、この事件に関し、器物損壊容疑で捜査本部を設置した。警視庁によると、同日までに三百五冊の被害を確認したという(「朝日新聞」二〇一四年二月二十五日付)。その後、被害は他市にも及び、横浜市では二館で被害が見つかった(1)(「朝日新聞」二〇一四年二月二十五日付)。

他方、被害を受けた各地の図書館には、市民から関連本が次々と送られている。「杉原千畝」(第二次世界大戦中に、駐リトアニア領事代理として、ナチス・ドイツに追われたユダヤ人などに「命のビザ」を発給した)を名乗る人からも送られたという。また在日イスラエル大使館からは、最も被害が多かった杉並区にアンネ関連本三百冊が寄贈された(「朝日新聞」二〇一四年三月一日付(2))。

切り裂かれたり「アンネの日記」青春のわがバイブルが切り裂かれたり

(紋別)古屋かつみ「北海道新聞日曜文芸短歌」二〇一四年四月十三日

選者(松川洋子)の「評」に、「別人が書いたとは到底思えぬあの日記に対する冒瀆《ぼうとく》は許せない」と記されている。

「気にいらない本は破り捨てる」——そうした行為は、その本に込められた思想を「破る」ことであり、許されることではない。人はみな同じ考えをもっているわけではない。「異見」が併存する社会で生活し、その「異見」を互いの「意見」を通して確認しあうことによって、共存の社会が成り立っている。民主主義社会はそうした社会であり、「本」はそうした「異見」を知りうる優れた媒体である。そして図書館は、そうした「異見」を多くの人々に提供する「知や情報の社会的保障装置」である。

こうした事件に対し、日本図書館協会は「公立図書館における「アンネの日記」破損事件について（声明）」を出した（二〇一四年二月二十五日）。そのなかで、「図書館の蔵書は、（略）人類共有の知的・文化的な財産である。公立図書館は、そのような人類共有の知的・文化的財産を市民が共有し、広く市民の読書に提供し、次の世代に伝えていくことを任務としている。どのような理由があれ、このような貴重な図書館の蔵書を破損させることは、市民の読書活動を阻害するものであり極めて遺憾なことである(3)」との見解を表明した。

■『アンネの日記』

世界的ベストセラー『アンネの日記(4)』は、ユダヤ人少女アンネ・フランク（一九二九―四五）が、ナチスの迫害を逃れ、家族らと隠れて暮らしていたオランダ・アムステルダムでの、十三歳から十五歳までの二年間の生活を記録している。

「ここで政治の話を持ち出してごらんなさい。たったひとつの質問、ひとつの言葉、ひとつの語句で、たちまち論争に火がつきます」[5]。アンネは「隠れ家」内での大人たちの政治的な感情を冷静に見つめている。また、こうも記している。「このいまわしい戦争もいつかは終わるでしょう。いつかはきっとわたしたちがただのユダヤ人ではなく、一個の人間となれる日がくるはずです」[6]。厳しい状況下で希望をもちつづけていたアンネの思いである。この作品は、戦争や人種差別の問題を少女の目線から描いた作品で、世界的ベストセラーとなり、二〇〇九年にはその歴史的価値が認められ、ユネスコの「世界記憶遺産」に登録された。

この春の私の読書計画に緊急追加アンネの日記
（国立市）加藤正文　「朝日歌壇」二〇一四年三月二十四日

アンネが、「隠れ家」で日記をつけていたのは、一九四二年六月十二日から四四年八月一日まで。日記には思春期の苦悩や困惑が記されている。最後の日の日記は、次の言葉で終わっている。

そしてなおも模索しつづけるのです。わたしがこれほどまでにかくありたいと願っている、そういう人間にはどうしたらなれるのかを。きっとそうなれるはずなんです、もしも……この世に生きているのがわたしひとりであったならば。じゃあまた、アンネ・M・フランクより[7]

最後の記述の三日後（八月四日）、アンネを含む八人のユダヤ人の存在はドイツ秘密警察に突き止められ、彼らは逮捕、連行された。そして、アンネは姉（マルゴー）とともにベルゲン・ベルゼン強制収容所（ドイツ・プロイセン州、ベルゼン）に送られた。この収容所は極度に衛生状態が悪く、冬にはチフスが大流行した。こうしたなかで姉が亡くなり、さらに数日後にアンネも姉のあとを追った。一九四五年二月末か三月初めと推定される。アンネ十五歳のときである。この強制収容所がイギリス軍の手で解放されたのは、姉妹の死からわずか一カ月あまり後（一九四五年四月十二日）のことである。「隠れ屋」にいた八人のうち、生き残ったのはアンネの父オットー・フランクただ一人だった。(8)『アンネの日記』は、その生還した父の手によって編集され、四七年に出版された。

2「自由にものが言えなくなる時代」――ナチスによる焚書

■「自由にものが言えなくなる時代」――『飛ぶ教室』

アンネが「隠れ家」に潜んでいた時代、ドイツはヒトラーの政権下にあった。そのヒトラーは、ユダヤ人や政治的反対派などを大量に収容するために、ドイツだけでなく、オランダ、ポーランドなどに強制収容所を設置した。その一つが、アンネが収容されたベルゲン・ベルゼン強制収容所で、設置されたのは一九四三年である。ヒトラーが政権を獲得（首相就任）したのは、その十年前の三三年。アンネは、十五年の生涯のほとんどをヒトラー政権下で生き、ヒトラーが設置した強制収容所でその短い生涯を閉じた。
そのヒトラーが政権を獲得（一月三十日）したわずか三カ月半後の一九三三年五月十日、首都ベルリンで二十世紀最大といわれる「焚書」が起きた。この焚書によって、エーリヒ・ケストナーの小説や詩集も、炎のなかに舞い散った。

自由にものが言えなくなる時代は、こんなふうに始まるのですね。わたしたちもおぼえておきましょう。(9)

この一節は、児童文学の傑作『飛ぶ教室』（岩波少年文庫版）の「あとがき」に記された訳者・池田香代子の一文である。
『飛ぶ教室』は、ドイツのある高等中学校（ギムナジウム）を舞台に、クリスマスシーズンの学校で起こる大小の事件を、寄宿舎に住む生徒たちが知恵と勇気をもって解決していく物語である。著者ケストナー（一八九九―一九七四）はドイツの詩人・小説家で、現代文明に対する懐疑と、現代人の憂鬱と自嘲を描いて詩壇に頭角を現した。そのケストナーを一躍有名にしたのが、少年小説『エミールと探偵たち』（一九二八年）だった。子どもたちに思う存分のびのびと振る舞わせ、肉親の情愛や友達の思いやりでそれを建設的な方向に導いていくこの小説には、鋭い批判精神が描かれている。また一九三一年には、人間性が疎外されていく大都会の生活を描いた長篇小説『ファービアン』を発表した。しかし、ケストナーが文筆に専念するようになった直後の三〇年代は、ヒトラーが政権を獲得する時期と軌を一にしていた。ヒトラーは三三年三月に成立した全権委任法（授権法）によって議会政治を排除し、政党・労働組合の解散を強行した。ワイマール憲法下で、その憲法とは似て非なる政権が誕生したのだ。ナチスによる一党独裁体制であり、焚書の始まりでもある。

その政権に、ケストナーの自由主義的作風が嫌われ、『ファービアン』や詩集が焼かれ、ゲシュタポ（秘密警察）にも二度逮捕された。そして、ついには児童文学として人気が高かった『飛ぶ教室』も国内での出版が禁止となった。ケストナーが旺盛な創作活動を再開するのは、第二次世界大戦後の『ふたりのロッテ』（一九四九年）からである。

■「焚書の祭典」

「焚書」（book burning）とは、文字どおり「本を焼くこと」である。それは政治権力をもった人たちによる思想や言論、学問に対する統制政策の一つで、書物に記された思想を禁止し、その社会的な流通を阻止するために、公開の場で当該の書物を焼き捨てる行為（儀式）である。ときとして為政者は、社会を自己が容認した思想一色に染めぬかなければ、気がすまなかったのである。

歴史をひもとくと、思想や出版に対する弾圧は古今東西、様々な国で起きている。古くは紀元前二一三年、中国の秦の始皇帝による焚書がある。中世の西欧では、ローマ教皇アレクサンドル六世の宗教書の事前検閲（一五〇一年）、イギリス星室庁の印刷条例（一六三七年）などがある。

焚書のうち、二十世紀最大の焚書は、「非ドイツ的」図書を理由としたナチスによる焚書である。『第三帝国の興亡』（一九六〇年）の著者ウィリアム・L・シャイラー（一九〇四―九三）は、一九三三年五月十日の夜の光景、すなわち「西欧世界が中世紀の末葉このかた、かつて目睹《もくと》したことのない光景」について、次のように書いている。

真夜中ごろ、数万の学生によるたいまつ行列が、ベルリン大学の真向かいのウンター・デン・リンデンの広場に参集した。たいまつの火は、広場に集められていた巨大な書物の山に点火され、炎がその山を包むにつれて、さらに多量の書物が火中に投げこまれて、およそ二万部の本が焼き捨てられた(10)。

そして、熱狂した学生たちは、赤々と燃え上がる炎のまわりを、

ハインリヒ・マンを焼け
シュテファン・ツヴァイクを焼け
エーリヒ・ケストナーを焼け
カール・マルクスを焼け
ジグムント・フロイトを焼け
ハインリヒ・ハイネを焼け

と踊り回った。「燃え上がる炎は、右手にオペラ・ハウスを、左手にベルリン大学を照らし出し

た」[11]という。

ハインリヒ・マン（一八七一―一九五〇）は、ナチズムに厳しい対決姿勢をとったドイツの作家で、プロイセン芸術アカデミー文学部門の総裁に選出されたが、この年（一九三三年）フランスに亡命を余儀なくされた。その弟が、一九二九年にノーベル文学賞を受賞したトーマス・マン（一八七五―一九五五）で、三三年に亡命している。シュテファン・ツヴァイク（一八八一―一九四二）は、オーストリアのユダヤ系作家・評論家で、やはり三四年にイギリスに亡命している。オーストリアの精神医学者ジグムント・フロイト（一八五六―一九三九）もナチスの迫害を逃れて、三八年にイギリスに亡命している。カール・マルクス（一八一八―八三）は、ドイツの共産主義思想家・運動家（『資本論』『経済学批判』などの著者）である。そしてケストナーは、既述のようにドイツの児童文学者である。

このウンター・デン・リンデン広場に、焚書の対象となった作家・思想家たちのなかで、ただ一人だけその光景を目撃した人がいた。それがケストナーだった。彼は、国民の精華とされた突撃隊の制服をまとった大学生の間に挟まって、「陰惨に大げさにはなばなしく焼かれ」る自分の本が、「ひらめく炎の中に飛ぶのを見」ながら、ヨーゼフ・ゲッペルス（ナチス党の宣伝相）による「悪がしこい小さいうそつきの、歯のうくような長広舌を」[12]聞いていた。燃える本の山を目の前にして叫びをあげず、拳をかざして訴えもせず、ただポケットのなかで拳を固めてみせただけで[13]。

ケストナーはこの日の体験をもとに、一九五八年にハンブルク・ペン大会で教訓的な挨拶をしている。二十五年後のその日（五月十日）の次の発言である。

一九三三年から一九四五年〔ヒトラーが政権を獲得していた時期：引用者注〕のできごとにたいしては、ほんとうは遅くとも一九二八年〔ナチス党として初めての国会議員選挙に臨んだ年：引用者注〕には克服のための戦いが起こされていなければなりませんでした。そのあとでは遅すぎたのです。自由の戦いが国家への裏切りと呼ばれるようになるまで待っていてはいけないのです。雪玉が雪崩《なだれ》になるまで待っていてはいけないのです。転がる雪玉を砕かなければなりません。雪崩になってしまえばもはや誰にも止められはしないのです。雪崩が落ち着くのは、すべてを下に埋もれさせてしまったあとのことです。（略）独裁政治が差し迫ってくるとき、戦いが可能なのはそれが権力を握るまえだけです。(14)

そして、古代ローマの詩人オウィディウスの言葉（「始マリニ抵抗セヨ」「ソノ後デハ薬ナド役立タヌ」）を引用して、さらに次のように述べている。

彼〔オウィディウス：引用者注〕の念頭にあったのは政治や独裁のことではありませんでした。それにもかかわらず彼の警告はいかなる場合にも、私たちの場合にすらあてはまります。今日この場にすらも。いつでもどこでもあてはまるのです。(15)

ケストナーのこの言葉は、実に教訓的である。「いつでもどこでもあてはまる」。あらためてこの言葉を噛みしめてみる思いである。[16] そして、ケストナーは次のようにも言っている。

どの国民、どんなエリートも手をこまねいたままでいてはなりませんし、緊急の場合、緊急きわまる場合には、英雄がかならず居合わせてくれる、などと考えてはならないのです。[17]

『飛ぶ教室』のなかにも、「世界の歴史には、かしこくない人びとが勇気をもち、かしこい人びとが臆病だった時代がいくらもあった。これは正しいことではなかった」（同書二五ページ）、「平和を乱すことがなされたら、それをした者だけでなく、止めなかった者にも責任はある」（同書一四三ページ）という言葉が出てくる。ナチスが政権を獲得した年（一九三三年）に『飛ぶ教室』が出版されたことを思うと、先の演説と合わせて教訓的である。

あの時に止められなかった大人たちと未来の人から言われたくない
（松坂市）こやまはつみ 「朝日歌壇」二〇一三年十二月二十三日

選者（草野公彦）の「評」に、「黙視せずに行動を起こそう、の気迫」と記されている。

あの時もっと反対すれば良かったと思う時まで生きるのか私は
（藤枝市）菊川香保里 「朝日歌壇」二〇一四年一月六日

自分の本が焚書の対象として、「炎の中」に飛び散っている、言論弾圧の典型的現場に居合わせたケストナーの心情を思うと、身につまされる。そうしたことを知って、『飛ぶ教室』に出てくる書き取りノートの一節「ぼくの見ている前で火をつけた」（同書九二ページ）という息子のクロイッカムのせりふを読むと、この一言はリンデン広場の光景そのものである。この言葉の重みを実感する。

■「書物を焼くものは、早晩、人間を焼くようになる」（ハイネ）

このとき、ケストナーの本とともに焼かれて黒こげとなった本の一ページに、「書物を焼くものは、早晩、人間を焼くようになる」というハインリヒ・ハイネ（一七九七―一八五六）の言葉が書かれていたことに気づく人は誰もいなかっただろう。一八二三年（この焚書よりもさかのぼること百十年前）にハイネが書いた言葉である。[18] ハイネは、この日のことを想定してこの言葉を書いたわけではない。しかし、ハイネの「予言」は、その後のナチスによるユダヤ人の大量虐殺という形で現実のものとなった。[19]

ヒトラーが政権を獲得（首相就任）してわずか三カ月半後に起きたこの「焚書の祭典」は、ハイデルベルグ、マンハイムなどと続くほかの都市での焚書の始まりでもあった。ケストナーは、そのときの光景を次のように述べている。

火は燃えさかりました。ベルリンのオペラ座広場で。ミュンヘンのケーニヒ広場で。ブレスラウのシュロス広場で。ドレスデンのビスマルク塔のまえで。フランクフルトのレーマーベルクで。ドイツの大学都市のどこでも火は燃え上がりました。[20]

そして、この狂気の「祭典」は当然、図書館にも及んでいった。図書館から除籍すべき文学作品のリストが作成され、公共図書館ではこのリストに従って除籍作業がおこなわれた。また、各図書館は自館の蔵書リストの提出を求められ、新刊購入のときは許可を受けることになった。図書館からナチスにとって「好ましからざる」本が徹底的に排除された。ドイツの民主主義は、こうして終わりを告げることになる。

しかし、こうした「歴史」はドイツだけの歴史ではない。この時期、わが国にも同じようなことが起きていた。「焚書の祭典」（一九三三年）の年、プロレタリア作家・小林多喜二が官憲の拷問によって虐殺された。その年、京都帝国大学法学部教授・滝川幸辰の著書『刑法読本』や講演内容が自由主義的思想に基づくという理由で、『刑法読本』は発禁処分を受け、滝川は大学を免官される事件が起きた。同学部教授や学生らが学問の自由と大学の自治擁護を主張して抵抗運動を起こしたが、当局の弾圧で崩壊した。政府が権力を行使して、大学の教授をその学問的見解を理由に解雇し、大学の自治を踏みにじったのである。滝川事件（京大事件）である。

またその二年後（一九三五年）には、東京帝国大学で長い間、憲法学を教えていた美濃部達吉の著書『憲法撮要』（有斐閣、一九二三年、初版は一九二三年）などが発売禁止処分になった。天皇機関説（明治憲法の解釈として、国家の統治権は法人である国家に属し、天皇はその最高機関であるとする学説）を理由にしたものである。政府はさらに国体明徴声明を出してこの学説を禁止し、美濃部はこの問題で右翼や軍部に攻撃され、貴族院議員を辞職した。いわゆる「天皇機関説事件」である。時の政府が一憲法学者の学説を禁止し、さらに特定の考えを国家の憲法学説（憲法学説の「公定」）としたのである。

この事件の翌年（一九三六年）には、日本軍国主義の決定打となった二・二六事件が起き、複数の閣僚が暗殺されている。それを思うと、この天皇機関説事件は軍部による大量暗殺の思想的な前兆だったように思える。「思想を殺すことは、人を殺すことにつながる」。日本でもあったことである。私は約三十年前、偶然に古書店で『憲法撮要』を見つけて買い求めた。布製の表紙で背に金文字の書名が入ったその本を手にしたとき、この本がその後の歴史のなかで弾圧の渦に巻き込まれていったのだと思うと、感無量だった。

「自由にものが言えなくなる時代は、こんなふうに始まった」のである。「わたしたちもおぼえておきましょう」

3 アメリカ図書館協会の長き苦闘

本書第7章で取り上げた『学校図書館の検閲と選択』は、アメリカ図書館協会の出版物である。そのアメリカ図書館協会（ＡＬＡ）が一九三九年に採択した歴史的文書に、『図書館の権利宣言』

(Library's Bill of Rights) がある。現在に続く『図書館の権利宣言』の原型である。

この文書が採択されたのは、「ナチによる焚書や検閲、さらにはJ・スタインベック (John Steinbeck) の『怒りのぶどう』への検閲が象徴する国内での偏狭な姿勢に対抗[21]」したからだという。

ナチスによる焚書はこの宣言の六年前であり、アメリカではこの年 (一九三九年)、『怒りのぶどう』が反道徳的、猥褻、アメリカを悲惨に描いている (写実的すぎる) などの理由で「攻撃」の対象になっていた。[22]『図書館の権利宣言』は、こうした状況下で採択された。四カ条からなる宣言には、「前文」のような一節があり、次のような文で始まっている。


現在の世界各地では、不寛容、言論の自由の抑圧、検閲が高まりつつあり、少数者や個人の権利に影響を与えている。


アメリカの文書であるにもかかわらず、「世界各地」での「不寛容、言論の自由の抑圧、検閲」について言及している。これが「焚書にはじまるナチの思想統制、ユダヤ人迫害 (略) といった、全体主義の高揚にともなう危険な傾向を指している[23]」ことは明らかである。

この「宣言」は、一九四八年に新たな宣言として採択され (Library Bill of Rights)、数度の修正を経て現在にいたっている。

しかしアメリカでは、この新たな宣言採択直後に、いわゆる「マッカーシズム[24]」が吹き荒れ、アメリカの図書館にも様々な「嵐」が吹き荒れ、特定の本の書架からの撤去、ラベリング、利用制限などがおこなわれた。

こうした「嵐」に抗して書かれた作品としてSF小説『華氏451度』[25]がある。一九五〇年代から六〇代にSFやファンタジーを数多く書いたアメリカの作家レイ・ブラッドベリ（一九二〇―二〇一二）の作で、一九五三年に刊行されている。

本の所持や読書が禁じられた社会が描かれ、この社会では、本を所持していると「焚書官」（禁書となった本を焼く係）が出てきて本を燃やしてしまう。その焚書官を仕事にしている主人公モンタークは、命をかけても本を守ろうとする女性に出会い、本の魅力に引かれていく。そうしたことを軸に、様々な人間模様が描かれている。「華氏451度」（摂氏に直すと約二三三度）とは、紙が引火し燃え出す温度である。

この本に、次のような一節がある。


書物などというしろものがあると、となりの家に、装弾された銃があるみたいな気持にさせられる。そこで、焼き捨てることになるのだ。銃から弾をぬきとるんだ。考える人間なんか存在させてはならん。本を読む人間は、いつ、どのようなことを考え出すかわからんからだ。そんなやつらを、一分間も野放しにおくのは、危険きわまりないことじゃないか。[26]

自分の仕事に疑問を持ち始めたモンタークを、上司である署長ビーティがこう説得している。このビーティの言葉は、書物というものの本質を見事に言い当てている。書物は書き手の思想の体現物であるがゆえに人の心を動かし、時代と社会を動かしてきた。一冊の本が社会を変える原動力になった事例は、世界史でも数多い。書物は歴史を切り開き、歴史を創り出すエネルギーを内包している。書物がもっているそうした「力」を、ビーティは言い当てている。しかしある種の為政者にとって、そうした書物（思想）は銃のような危険物に見えることがある。だから、その銃から「弾を抜き取る」（禁書、焚書）ことを考えたのだ。

しかし、そうした「抜き取り」は社会を停滞させ、民主主義を窒息させてしまうことになる。民主主義の社会は、いつも新たなものへの挑戦、創造性への挑戦とセットになっている。そして、そうした挑戦は「なぜ」という問いから始まり、既成の価値や秩序の「変革」へとつながっていく。書物は、そうした「なぜ」と「変革」とを結ぶ媒体でもある。ブラッドベリは、署長ビーティにこうも言わせている。

万事につけ、《なぜ》ってことを知ろうとすると、だれだって不幸になるにきまっている。（略）国民を政治的な意味で不幸にしたくなければ、すべての問題には、ふたつの面があることを教えてはならん。ひとつだけあたえておくのが要領なのさ。なにもあたえずにすめば、それに越したことはないがね。(27)

ナチスの焚書も、そうしたなかでおこなわれた。「なにもあたえずにすめば、それに越したことはない」——現在でも世界各地で見られる独裁的権力者の思想と行動である。

4『敦煌』――人間の「思い」は時空を超えて

井上靖（一九〇七―九一）は、多くの歴史小説を書いてきた。そのなかに『敦煌』（一九五九年。翌年に毎日芸術大賞受賞）という作品がある。この長篇小説の最後には、一九〇〇年頃に中国・敦煌市の莫高窟から発見された『敦煌文献』のことが書かれている。長い年月、莫高窟に封じられていた「経巻類の堆積」が、道士・王円籙によって偶然発見される。王円籙にはその価値はわからなかったが、イギリスの探検家（オーレル・スタイン）を始め、フランスのポール・ペリオが、そして日本・ロシアからも探検家がやってきた。最後に北京から軍隊がやってきて、それらを根こそぎ馬に積み込んで持ち去った。

この「宝物」は、西暦三、四世紀頃の貝葉梵字仏典、古代トルコ語、西蔵語、トルコ語、西夏語などの仏典を含めて、全部で四万余点に上るという。(28) その文献の学術的価値ゆえに、「敦煌学」という言葉も生まれた。

これらの文献は、さかのぼること約八百五十年前（十一世紀前半）、西夏との戦いによって敦煌が滅びる前にこの窟に隠されたという。小説『敦煌』には、主人公・行徳を通してこのときの様子が描かれている。行徳は、経巻を守ろうとしている若い僧に「どうして経巻を置いて避難できぬのか」と問う。僧は答える。「自分たちの読んだ経巻の数は知れたものだ。読まないものがいっぱいある。まだ開けてさえ見ない経巻は無数にある。――俺たちは読みたいのだ[29]」

その言葉が急に自分の体全体に熱く染み入り、そのためにしばらくの間、自分の体全体が痺れているような感に陥った行徳は、これらの経巻類を石窟のなかの匿し穴に埋め、それによって略奪からも戦火からも守ろうと考え、その考えを僧たちに伝えた[30]。その行徳は思う。

財宝も生命も権力も、それを所有している者の持物だったが、経典は違っていた。経典は誰のものでもなかった。ただ焼けないで、それがそこにあるだけでよかった。誰も奪《と》り上げることはできなかったし、誰の物にもならなかった。焼けないでそこにあるというだけで、それは価値を持っていた[31]。

こうして守られた書物は、約八百五十年後にその存在が明らかとなる。人間の「思い」は、時空を超えて多くの人々に伝えられていく。このドラマ（『敦煌』）に登場する若き僧も行徳も、経典（書物）がもつすばらしさに価値を見いだし、命をかけてそれを守ることを決め、実行した。「思い」は、保存されることによって未来へとつながっていく。

『アンネの日記』関連図書への損壊に対して、警視庁は「器物損壊罪」（刑法第二六一条）という罪名で捜査を開始した。損壊されたのは「器物」（書物）である。しかし、損壊の対象となったのは著者の「思い」である。だが、焚書はもちろん、検閲によっても損壊によっても、そうした「思い」を消し去ることはできない。

イギリスの詩人・思想家ジョン・ミルトン（一六〇八―七四）は、言論弾圧の風潮に抗して著した書『言論の自由』のなかで、書物の意義について次のように述べている。

書物というものは絶対的に死んだ物ではなく、その生みの親たる魂と同様に、溌剌たる生命力を自己の裡に持っている（略）それどころか、書物はそれを生み出した生きた知性の最も純粋な効力と精髄とを、薬瓶に蓄える如く、保存している。(32)

注

（1）なお、利用者が図書館資料を損壊した事件として、「富山県立図書館『図録』問題」に関連したケースがある。この事件は次のようなものである。富山県立図書館は富山県立近代美術館の企画展「'86富山の美術」展（一九八六年）で刊行されたカタログ（「図録」）を収集していたが、抗議により「閉架」扱いをしていた。約四年後、図録の一般閲覧（館内閲覧限定）を開始したが、公開初日、その図録の閲覧請求をした一利用者が、図書館員から図録を受け取るなり四ページ二枚を引きちぎり破り捨てるという事件が発生した。富山県はこの利用者を器物損壊罪で告訴した。この「図録」には、富山県出身の版画家・大浦信行の『遠近を抱えて』（全十四点、一九八二―八五年）という、昭和天皇の肖像写真を配置した作品が含まれている。この作品に批判的見解を有した者による損壊事件である。なおこの事件については、渡辺重夫「「思想の自由市場」と図書館資料――富山県立図書館「図録」問題を軸に」（『図書館の自由を考える』青弓社、一九九六年、六五―九九ページ）に詳しい。

(2) アメリカのユダヤ人人権団体「サイモン・ウィーゼンタール・センター」(本部・ロサンゼルス)の副代表が「衝撃と強い懸念」を表明した(「朝日新聞」二〇一四年二月二十一日付)。

(3) 「公立図書館における「アンネの日記」破損事件について(声明)」は、日本図書館協会ウェブサイトで見ることができる〔http://www.jla.or.jp/home/news_list/tabid/83/Default.aspx?itemid=2240〕(二〇一四年四月一日参照)。

(4) アンネ・フランク『アンネの日記 完全版』深町眞理子訳、文藝春秋、一九九四年

(5) 同書三四七ページ

(6) 同書三七八ページ

(7) 同書四八五―四八六ページ

(8) 同書一―二、四八七―四八九ページ

(9) エーリヒ・ケストナー『飛ぶ教室』池田香代子訳(岩波少年文庫)、岩波書店、二〇〇六年、二五一ページ

(10) ウィリアム・L・シャイラー『戦争への道』井上勇訳(「第三帝国の興亡」第二巻)、東京創元社、一九六一年、二一ページ。シャイラーは、アメリカのジャーナリスト、歴史家。『第三帝国の興亡』は、一九六〇年に第十二回全米図書賞を受賞している。

(11) ロージャー・マンヴェル/ハインリヒ・フレンケル『第三帝国と宣伝――ゲッペルスの生涯』樽井近義/佐原進訳、東京創元新社、一九六二年、一〇九ページ。前掲『戦争への道』(「第三帝国の興亡」第二巻)には、「焼かれたのは、数十名にのぼるドイツの著述家の著書だけではなかった。か

なり多くの外国の著述家もまた含まれていた」（二一一―二一二ページ）と記されている。そのなかには、ヘレン・ケラー、アンドレ・ジッド、エミール・ゾラ、マルセル・プルーストなども含まれている。

（12）河井弘志「第三帝国と図書館 四 図書館粛清」、日本図書館学会編「図書館学会年報」第二十五巻第一号、日本図書館学会、一九七九年、一五ページ

（13）エーリヒ・ケストナー『大きなケストナーの本』丘沢静也ほか訳、マガジンハウス、一九九五年、三五一ページ

（14）同書三五二ページ

（15）同書三五二ページ

（16）戦争責任を感じて、朝日新聞社を敗戦を機に退社し、故郷秋田県で週刊新聞「たいまつ」（一九四八―七八年）を創刊、反戦の立場から言論活動を続けているジャーナリスト・むのたけじ（一九一五―）の作品に『たいまつ――詞集』第一巻（評論社、一九七六年）がある。むのの詞が掲載されているが、その最初は「はじめにおわりがある。抵抗するなら最初に抵抗せよ。歓喜するなら最後に歓喜せよ。途中で泣くな。途中で笑うな」（九ページ）である。

（17）前掲『大きなケストナーの本』三五一ページ

（18）前掲『第三帝国と宣伝』一〇九ページ。ハイネのこの言葉は、「ハイネの悲劇『アルマンゾル』からの一節で（略）スペインでのイスラム迫害の際の「アウトダフェ」、つまり異教徒の火刑について言われたものでした」（前掲『大きなケストナーの本』三四五ページ）。

（19）ドイツの首都・ベルリンにあるベーベル広場（Bebelplatz）の中心に、地下にガラスプレートがはめ込まれた場所がある。焚書に抗議する記念碑（ミヒャ・ウルマン作、一九九五年）である。空の

書架が置かれた空間が作り出され、焚書で燃やされた二万冊の書物を置くことができるスペースがとられている(ラインハルト・リュールップ「ナチズムの長い影――一九四五年以降のドイツにおける過去をめぐる政治と記憶の文化」西山暁義訳、東京大学ドイツ・ヨーロッパ研究センター「ヨーロッパ研究」第八号、東京大学ドイツ・ヨーロッパ研究センター、二〇〇九年、一五三ページ)。またこの記念碑の近くには、銅版のプレートがあり、"...dort wo man Bücher verbrennt, verbrennt man am Ende die Menschen"(…書物が焼かれるところでは、最後には人間もまた焼かれるのだ)というハイネの言葉が刻まれている。

(20) 前掲『大きなケストナーの本』三四八ページ

(21) 川崎良孝「アメリカ公立図書館の存在目的――歴史・現状・問題点」「京都大学生涯教育学・図書館情報学研究」第六号、生涯教育学講座紀要編集委員会事務局、二〇〇七年、九一ページ

(22)『怒りのぶどう』は、故郷オクラホマを追われ、新天地を求めて西部へ移動する農民たちの物語だが、苦難の末にたどり着いた地でも仕事を得られないという苦境、そして不屈の人間像を描いて、翌一九四〇年にピューリッツァー賞を受賞し、さらにジョン・フォード監督の手で、映画化され同年に公開された。しかし出版当時、この作品は大きな社会的反響を巻き起こした。それは「この作品の芸術的評価ではなく、あつかわれた題材と内容にかんしてであった。多くの都市の図書館でこの本が焚書の刑にあった」(倉橋健「解説」『世界文学全集――カラー版』第三十一巻、河出書房新社、一九六七年、三九八ページ)。

(23) 森耕一『近代図書館の歩み』(至誠堂選書)、至誠堂、一九八六年、二三四ページ

(24) マッカーシズムとは、一九五〇年代初頭のアメリカで、共和党上院議員ジェセフ・レイモンド・

マッカーシーによっておこなわれた反共主義に基づく社会・政治運動のことをいう。政府職員、メディア関係者などが批判・攻撃を受けた。
(25) ブラッドベリがこの小説を書こうと思い立ったのは、「その当時——一九五〇年代初めごろ、全アメリカを吹き荒れていた兇暴なマッカーシズムの嵐に、生来の自由人としての彼が、はげしい怒りをかりたてられたからであった」という。レイ・ブラッドベリ『華氏451度』(宇野利泰訳〔ハヤカワ文庫〕、早川書房、一九七五年)の巻末に掲載された「ブラッドベリ・ノート」で、福島正実が解説している(同書二七八ページ)。
(26) 同書一〇一ページ
(27) 同書一〇四ページ
(28) 井上靖『敦煌』(〔新潮文庫〕、新潮社、一九八七年、二五〇—二五四ページ)。なおこの探検は史実に基づいていて、『敦煌』の巻末「注解」には、この探検にかかわった人物が紹介されている。それによると、スタインはハンガリー生まれのイギリスの探検家で、一九〇七年に敦煌石窟から多量の古文書を発見している。ペリオはフランスの東洋学者で、『敦煌千仏洞』(全六巻)などの著書をもつ。日本では、一九一二年に橘瑞超らの大谷探検隊が訪れている(二六四—二六五ページ)。なお、敦煌文献の発見と探検については、柳宗玄/金岡照光『敦煌石窟寺院』(〔「世界の聖域」別巻二〕、講談社、一九八二年)八三—一一一ページに詳しく紹介されている。
(29) 前掲『敦煌』一九二ページ
(30) 同書二〇六ページ
(31) 同書二〇三ページ

(32) ミルトン『言論の自由――アレオパヂティカ』上野精一／石田憲次／吉田新吾訳（岩波文庫）、岩波書店、一九五三年、一〇ページ

［著者略歴］
渡邊重夫（わたなべ しげお）
1943年、北海道生まれ
北海道学芸大学（現・北海道教育大学）札幌分校卒業
日本図書館学会賞受賞（1990年）
藤女子大学教授を経て、現在は北海道教育大学、北海学園大学などで非常勤講師、
日本図書館情報学会会員、日本図書館研究会会員
著書に『学校図書館の力』『学校図書館概論』（ともに勉誠出版）、『学習指導と学校図書館』『司書教諭のための学校経営と学校図書館』（ともに学文社）、『司書教諭という仕事』『図書館の自由を考える』『子どもの権利と学校図書館』『図書館の自由と知る権利』（いずれも青弓社）

学校《がっこう》図書館《としょかん》の対話力《たいわりょく》　子ども・本・自由

発行……2014年6月19日　第1刷
定価……2000円＋税
著者……渡邊重夫
発行者……矢野恵二
発行所……株式会社青弓社
〒101-0061 東京都千代田区三崎町3-3-4
電話 03-3265-8548（代）
http://www.seikyusha.co.jp
印刷所……三松堂
製本所……三松堂

ISBN978-4-7872-0052-5 C0000